John Diamond
Leben als Cantillation

John Diamond

Leben als Cantillation

Analyse der Lebensenergie als Befreiung zur Liebe

Verlag für Angewandte Kinesiologie
Freiburg im Breisgau

Titel der amerikanischen Originalausgabe:
Life-Energy Analysis: A Way to Cantillation

Archaeus Press, Valley Cottage/NY 1988

CIP-Titelaufnahme der Deutschen Bibliothek

Diamond, John:
Leben als Cantillation: Analyse der Lebensenergie als Befreiung zur Liebe / John Diamond. (Aus dem Amerikan. übers. von Michaela Bach). – Freiburg im Breisgau: Verl. für Angewandte Kinesiologie, 1991
Einheitssacht.: Life energy analysis ‹dt.›
ISBN 3-924077-19-3

Aus dem Amerikanischen übersetzt von Michaela Bach
Lektorat: Norbert Gehlen
Umschlag: Hugo Waschkowski
Gesamtherstellung: Rombach GmbH Druck- und Verlagshaus, Freiburg
Printed in Germany
ISBN 3-924077-19-3

Für meine Schüler, Freunde und Mitarbeiter,
besonders für
Jenna Summerfield und Michael Garber,
ohne die diese Arbeit nicht möglich gewesen wäre,
und für meine ehemalige Schriftleiterin
Cynthia Merman

Inhalt

Vorwort

Die Erkenntnisse in diesem Buch sind das Ergebnis jahrelanger Forschungsarbeit, langjähriger klinischer Erfahrung in Psychiatrie und Vorsorgemedizin und mehr als 15jähriger Erfahrung mit dem Indikatormuskeltesten, für das ich seinem Urheber, *Dr. George Goodheart*[1], sehr dankbar bin.

Das Muskeltesten verschaffte mir einen Zugang zum Unbewußten, wie er – glaube ich – vorher noch keinem Forscher möglich war. Es war auf vielen Gebieten (wie Psychologie, Medizin, Umgang mit dem Körper, Kommunikation und Ästhetik) unbeschreiblich wertvoll. Es erwies sich als besonders hilfreich für das Schaffen eines Verständnisses von Ethik[2] und als Ermutigung beim Streben nach Spiritualität.

Zu noch tieferem Dank bin ich *Freud* und der psychoanalytischen Literatur in ihrer ganzen Breite verpflichtet, im besonderen jedoch *Melanie Klein.* Im großen und ganzen bestätigen meine Ergebnisse die Erkenntnisse der Psychoanalyse im allgemeinen und die Melanie Kleins im besonderen. In vielen Fällen war es außerdem möglich, diese Erkenntnisse zu erweitern und auf noch tiefere Wurzeln zurückzuführen.

Und vor allem widme ich dieses Werk in Dankbarkeit jenen großen Lehrern, den Meistern der Cantillation, von denen zu lernen ich bestrebt bin.

Ach, wüßte ich, wie alle deine Lichter sich vereinigen
und die Gestalten ihres Glanzes!

George Herbert

Standortbestimmung

Wieder ist Neujahr. Es ist also wieder einmal an der Zeit, über meine Arbeit nachzudenken – meine gegenwärtige Arbeit und womit ich mich in Zukunft gerne befassen würde.

Es läuft alles auf Cantillation hinaus. Darauf zielt mein höchstes Streben für mich und meine Schüler.

Der Zustand der Cantillation ist die tiefste
Überzeugung, das sichere Wissen,
geliebt zu werden, vollkommen geliebt,
von der Mutter, von der Natur, von Gott;
es überwindet alle Hindernisse
auf dem Weg zu Lebensfreude
und Erleuchtung.

Es gibt für jeden Menschen *eine* kreative
Betätigung, die leichter als alle anderen
diesen Zustand hervorruft.
Wir nennen sie Cantillieren.
Sie ist sein Dankes- und Liebeslied,
sein Psalm,
sein Weg.

Unser Streben ist,
dieses Cantillieren zu vervollkommnen,
auf immer höhere Stufen emporzutragen
und darüber hinaus in
unseren gesamten Alltag zu übertragen,
so daß unser Leben selbst
zum Liebeslied wird.

Meine gegenwärtige Arbeit besteht darin, mich für die Cantillation einzusetzen und sie zu fördern, Wissen über sie zu sammeln und zu verbreiten und durch die Analyse der Lebensenergie Anleitung für das Vollbringen der Cantillation auf immer höheren Stufen zu geben.

Cantillation ist ein Zustand der Spiritualität (annähernd auch mit „Lobgesang" zu übersetzen, Anm. d. Verlages), und der Prozeß, durch den dieser gesucht, erreicht und vertieft wird, ist ein spiritueller. Da dies meine Arbeit ist, muß ich mich als einen – sei es noch so unwissenden – Lehrer höherer Werte betrachten. Nicht als Doktor der Medizin, sondern als Lehrer der Ethik. Dreißig Jahre nachdem ich den Doktorgrad in Medizin erwarb, bin ich jetzt endlich reif genug, die Grenzen der Medizin zu überwinden.

Als Psychiater fühlte ich mich nie heimisch bei meinen medizinischen Kollegen. Sie nannten uns *alienists* (was *Nervenarzt* heißt, durch seine Abstammung von *alien* aber einen Beigeschmack von

Fremdling, unerwünschte Person hat) – und für sie sind wir das auch geblieben. Asthma ohne Drogen zu heilen, so etwas war ihnen sicher fremd und unsympathisch. Aber auch unter meinen Kollegen aus der Psychiatrie fühlte ich mich nie wohl, sondern irgendwie anders und nicht zugehörig, ein Fremder unter den *Fremdlingen.* Es lag mir noch nie wirklich daran, Krankheiten zu heilen oder zu diagnostizieren. Ich wollte schon immer nur den Haß der Patienten in Liebe umwandeln. Es wurde mir immer mehr bewußt, daß es auf nichts anderes ankam. Aber es steht nichts von Liebe in den Fachbüchern oder den Behandlungsanweisungen.

> Die Diagnose ist ohne Belang,
> es zählen nur die Beschränkungen der
> Liebe.

Natürlich war ich nicht der einzige, der so dachte. Manchmal traf ich andere Fremdlinge, und wir erkannten einander meist sofort. Manche von ihnen zwangen sich, die herkömmliche Psychiatrie zu praktizieren, konnten mit dem Widerspruch aber nicht leben. Manche starben tragischerweise jung, einer nahm sich das Leben. Ein anderer begann einen spirituellen Weg. Und ich finde mich jetzt auf einem Pfad, der diesem ähnelt. Ich versuche hier zu beschreiben, wo auf diesem Pfad ich zu sein glaube an diesem Neujahrstag.

Meine Grundlage sind die VIER EDLEN WAHRHEITEN des Buddha[3], die ich wie folgt umschreibe:

1. Leben heißt Leiden. Alle, die zu mir kommen, fühlen sich mehr oder minder elend, unglücklich, schuldig oder haben Angst – sie leiden.

2. Der Grund dafür sind all die negativen Entscheidungen, die sie im Laufe ihres Lebens getroffen haben.

> Schau mich an,
> untersuche, inspiziere:
> die Verkörperung
> jeder einmal getroffenen Entscheidung.

Jede entfremdet sie noch mehr vom PULS DES LEBENS[4], von der NATUR. Jede ist eine weitere Entscheidung gegen die Buddhanatur, den Gott in uns.

Durch die Analyse der Lebensenergie lassen sich diese negativen Bestrebungen erkennen und dann durch kreatives Handeln überwinden, das von dem Gott in uns, dem Gott der Ethik und der Liebe, ausgeht. Durch Entscheidungen, die verwandeln, für das Licht, für die Liebe. Durch die Entscheidung für Cantillation.

> Die Analyse der Lebensenergie
> ist der Prozeß, in dem
> die Faktoren, die Cantillation verhindern,

identifiziert und dann,
mit Anleitung und Ermutigung,
durch verwandelndes,
kreatives Tun
überwunden werden.

3. Leben braucht nicht Leiden bedeuten, es kann die größte Freude sein.

4. Dies läßt sich durch Cantillation erreichen, dadurch, daß man sein Leben als einen Psalm lebt. Vom Elend und Leid zur Freude: Cantillation ist unsere Erlösung.

> „*Es war ein Wendepunkt in der religiösen Entwicklung der Menschheit: Ein Reformer trat auf, von ernsthaftestem moralischem Streben beseelt und gebildet in der gesamten geistigen Kultur seiner Zeit; wohlüberlegt und in Kenntnis der ihm widersprechenden Ansichten verbreitete er die Lehre von einem Seelenheil, das hier in diesem Leben gefunden werden könne: in einer innerlichen Verwandlung des Herzens, hervorgebracht allein durch Ausdauer in einem System der Selbsterziehung und Selbstbeherrschung.*“[5]

Dieses System wird der EDLE PFAD genannt.

Die Analyse der Lebensenergie lehrt uns, daß jedem der aus unseren verschiedenen negativen Wünschen entstehenden Probleme – Lampenfieber, Lernstörungen, eine unglückliche Ehe oder was auch sonst – immer *ein* Grundproblem zugrunde liegt: der Mutterhaß. Wenn dieser durch ein spezielles kreatives Handeln überwunden wird, verschwinden alle die oberflächlichen Probleme. Nur eines, ein noch tieferes, bleibt zurück: der fehlende Glaube an die Liebe der Mutter. Cantillation beginnt, wenn wir die GROSSE MUTTER in unseren Müttern entdecken. Dann tun sich immer höhere Ebenen von Schönheit und Gelassenheit, Erleuchtung, Liebe und Gesegnetsein lockend vor uns auf. Ein zunehmendes Gefühl des Einsseins mit der ganzen Menschheit, eine immer stärkere Verbindung zum Göttlichen und eine immer größere Achtung vor seinem WEG stellen sich ein.

Und die Analyse der Lebensenergie hilft uns bei jedem Schritt auf dem Weg zu immer höheren Graden kreativen Handelns, mit denen wir unsere Cantillation mehren und immer noch weiter mehren.

Den Weg der Cantillation gehen heißt:

Das GESETZ DES TAO[6] achten,
dem ACHTFACHEN PFAD folgen,
der LIEBE mit Liebe singen,
nach SCHÖNHEIT streben,
an das GESEGNETSEIN glauben.

Der NATUR das Herz öffnen
und sich ihrem WEG unterwerfen,
im PULS DES LEBENS tanzen.

Auf ERLEUCHTUNG hinarbeiten,
sich um GELASSENHEIT bemühen,
in allem das SOSEIN erkennen.

Mit dem Psalmisten preisen und
frohlocken,
den Buddha in vollkommenem Glauben
anrufen,
das NICHTS (die innere Leere) willkommen
heißen.

Wie Buddha lehrte: *„Es gibt einen MITTLEREN PFAD – einen Pfad, der die Augen öffnet, Verständnis beschert, der zu Frieden, Einsicht, höherer Weisheit, zum Nirwana[7] führt."*

Wir können den Beispielen derer folgen, die bereits cantillieren, jeder auf seine eigene Art bemüht, ihnen nachzueifern. Und durch Gnade gelangen wir immer weiter und weiter – und noch weiter, denn des Cantillierens ist kein Ende, niemals. Es ist unendlich, es ist das TAO. Dieser Optimismus, diese Achtung vor dem Wirken des TAO pulsiert tief im Herzen der Analyse der Lebensenergie.

Cantillation ist unsere Erlösung. Sie allein überwältigt alles Elend des Lebens und vereint uns endlich wieder mit der GROSSEN MUTTER. Soweit ich mir selbst treu sein kann, widme ich *ihr* mein Leben. Und wenn Sie das wünschen, versuche ich Ihnen zu helfen, auch Ihr Leben *ihr* zu widmen.

Wir singen unsere Psalmen,
die GROSSE MUTTER lächelt.

1. Januar 1988

Es gibt einen Geist, der bestand,
bevor es noch Himmel und Erde gab.
Das EINE, das in der Stille ruht,
jenseits der irdischen Form,
unveränderlich,
allgegenwärtig, unerschöpflich.
Sein Name ist mir nicht bekannt,
doch wenn ich es benennen muß,
nenne ich es das TAO,
nenne ich es das HÖCHSTE.
Zum HÖCHSTEN gehen heißt wandern,
weit weg wandern,
und dieses Wandern ist eine Rückkehr.
Der Mensch, der auf der Erde lebt,
ist den Gesetzen der Erde unterworfen.
Die Erde gehorcht den Gesetzen des Himmels.
Der Himmel folgt dem Gesetz des TAO.
Das TAO hat sein eigenes Gesetz.

Laotse

Das TAO läßt sich nicht vermitteln,
nicht durch Worte und nicht durch
Schweigen.
Seine transzendente Natur
verstehst du nur
in jenem Zustand,
der weder das eine noch das andere ist.

Dschuangtse

Die Analyse der Lebensenergie zielt darauf hin, diesen Zustand herbeizuführen.

Die Analyse der Lebensenergie

Das Ziel meiner Arbeit ist,
Ihnen die genaue Ursache
aufzuzeigen,
die Ihren Schmerzen zugrundeliegt;
im einzelnen genau zu bestimmen,
wie und wann
Sie sich dieses Leiden auferlegten;
Ihnen anschließend dabei zu helfen,
sich davon zu erlösen, indem Sie die Liebe
wählen.

Obwohl sie auf einigen derselben Theorien aufbaut, ist die Analyse der Lebensenergie der Psychoanalyse nicht ähnlich. Der Vergleich zwischen beiden liefert uns jedoch eine nützliche Analogie. Die Psychoanalyse läßt sich in drei Bereiche aufteilen: erstens die Analyse der Übertragung, die hauptsächliche Aktivität des psychoanalytischen *Prozesses;* zweitens die spezielle *Technik,* die zum Einsatz kommt: das freie Assoziieren des Analysanten und die Interpretation durch den Analytiker; und drittens erwächst als Ergebnis dieser Technik aus dem Prozeß ein Stück *Erkenntnis.* In ähnlicher Weise ist die Analyse der Lebensenergie das *Verfahren,* der

Muskeltest ist das hauptsächliche (aber nicht das einzige) *Mittel* der Durchführung, und die Cantillation ist das Stück *Erkenntnis* und gleichzeitig das Ziel, die höchste Hoffnung.

Die Analyse der Lebensenergie liefert uns eine vollständige Übersicht aller Persönlichkeitsaspekte eines Menschen zu einem bestimmten Zeitpunkt: alle seine Schwächen, alle seine Probleme, alle seine Stärken. Aber im Gegensatz zur klinischen Psychologie beschäftigt sie sich mit dem Positiven und nicht wie diese mit dem Negativen, obwohl dieses in den meisten Fällen zuerst umrissen werden muß. Durch das Stärken des Positiven wird das Negative dann überwunden. Unsere Stärken sind unsere Rettung, denn aus ihnen kommt die Kraft für die Umwandlung.

Die Analyse der Lebensenergie als Prozeß hilft Probleme in Tugenden verwandeln, deren Summierung die Cantillation ermöglicht. Sie ist eine völlig offene Untersuchungsmethode, denn da sich alles auf die Lebensenergie auswirkt, braucht und soll nichts von der Betrachtung ausgeschlossen werden. Die Beschränktheit unserer Vorstellungskraft bildet die einzige Grenze.

Die Analyse der Lebensenergie erstrebt:
ein Leben der Cantillation zu fördern;
denen, die das wünschen, bei der
Erreichung ihres Zieles zu helfen und

die Gültigkeit der ethischen Lehren der Meister zu bestätigen.

Und natürlich muß die Analyse der Lebensenergie selbst Lobgesang sein, das Hohelied für diejenigen, die sie praktizieren.

Die Analyse der Lebensenergie liefert den Rahmen, innerhalb dessen sich die Abweichung des einzelnen vom WEG DER NATUR, seine Entfremdung von Gott, bestimmen läßt; und sie zeigt den Weg zur Wiedereinswerdung, zum Erreichen des YOGA[8]. Das geschieht, indem sie uns die Schranken, die uns von Gott trennen, deren Entstehungsgeschichte und genaue Auswirkungen sowie die Wege zu deren Überwindung und zur Wiederherstellung des EINSSEINS erkennen läßt. Das ist ein Prozeß des Friedens.

Die Analyse der Lebensenergie ist keine Therapie. Sie ist ein Prozeß, durch den die Leiden des Menschen, also jene Faktoren, die sein persönliches Wachstum behindern, aufgehellt und dann – mit Hilfestellung und Ermutigung – überwunden werden können, um die Cantillation zu erreichen.

Cantillation ist der Zustand des GESEGNETSEINS, des EINSSEINS, der FREUDE.

Die Analyse der Lebensenergie bezweckt
die Verwandlung
von Problemen in Tugenden,
deren Summierung die Cantillation ist.

Der Test

Das wichtigste Instrument für die Analyse der Lebensenergie ist der Muskeltest.[9] Er ermöglicht uns sofortigen Zugang zu den Tiefen des Unbewußten und ist ein äußerst wertvolles Hilfsmittel der Forschung. Ich halte es für ein großes Glück, daß er mir in all den Jahren zur Verfügung stand. Mit seiner Hilfe konnte ich Abertausende von Hypothesen über unbewußte Motivationen aufstellen – und sie sofort bestätigt oder widerlegt finden. Ich brauche nicht zu warten, ob oder bis der Analysant mir irgendwann einmal – wenn überhaupt – meine Hypothese bestätigt. Ich erhalte die Antwort sofort, jetzt.

Außerdem sind die Ergebnisse objektiv, ungetrübt durch bewußte und unbewußte Wünsche von Tester oder Testperson. Es wird einem ganz klar vor Augen geführt: der Arm bleibt oben oder geht nach unten. Alles läßt sich in seiner Wirkung auf uns so austesten: unsere eigenen Gedanken oder die anderer, jede Handlung, jedes musikalische Motiv, jeder Ton, jeder Traum. Alles.

Manchmal fällt mir mitten in einem Gespräch plötzlich auf, daß ein Schüler deprimiert, unglücklich, traurig oder sonst etwas sein könnte. Wir brauchen dann nicht weitermachen, bis wir endlich die

Antwort finden. Wir stellen nicht nur sofort fest, *daß* er depressiv ist, sondern auch die genaue *Art* seiner Depression und den exakten Zeitpunkt und das spezielle Ereignis, auf das hin sie einsetzte. Und es ist nicht so, daß ich, der Arzt, es meinem Schüler sage, sondern es ist der Test, der es uns mitteilt. So lernen wir beide. Und das alles läßt sich in noch nicht einmal einer Minute ertesten.

Ich kann meiner Intuition freien Lauf lassen, denn sie läßt sich sofort überprüfen. Im Laufe der Jahre hat mir das Muskeltesten bei Tausenden von Interpretationen unschätzbare Dienste geleistet und mir beim Erweitern und Verfeinern meiner intuitiven Fähigkeiten geholfen, so daß ich heute viel weniger Zeit mit Testen verbringen muß.

Ich muß hervorheben, daß der Muskeltest im hier verwendeten Sinn kein Test der Muskelstärke wie bei klinischen Versuchen ist.[10] Vielmehr wird die Unversehrtheit des Akupunktursystems[11] getestet. Beim Testen des Deltoidmuskels muß der Lungenmeridian fortwährend frisches *Chi* liefern, um das beim Testen verbrauchte zu ersetzen. So ist der Muskeltest ein feiner Test dafür, wieviel Lebensenergie im Körper vorhanden ist und wie frei sie durch den Lungenmeridian fließen kann.[12]

Die unglaubliche Macht, die uns dieser Test verleiht, muß weise, mit viel Mitgefühl und aus den allerreinsten Motiven verwendet werden. Früher dachte ich, der Test sei leicht durchzuführen, aber jetzt wird mir klar, daß dem für viele Menschen nicht so ist. Es scheint dafür zwei Gründe zu geben. Erstens mag ihnen das Muskeltesten einfach nicht liegen. Zweitens, und das ist das schwerwiegendere Problem, kann beim Tester der unbewußte Wunsch vorhanden sein, den Test unkorrekt auszuführen und falsche Ergebnisse zu erzielen. Ich kam deshalb zu dem Schluß, daß das Muskeltesten nur von Menschen durchgeführt werden sollte, die darin gründlich ausgebildet sind. Sie müssen nicht nur die erforderliche Geschicklichkeit erreichen, sondern auch jegliche etwa vorhandene negative Motivation überwinden. Ihre Ziele müssen immer rein und auf das Höchste gerichtet sein, nur dann können sie wirklich helfen.

Außerdem brauchen sie sehr genaue Anweisungen, sonst lassen sich die vielen Variablen, die das Testergebnis beeinflussen können, nicht kontrollieren. Ich selbst habe den Muskeltest mehr als eine Million Mal durchgeführt, und trotzdem unterlaufen mir manchmal noch Fehler. Der Test muß immer präzise und akkurat durchgeführt werden. Und vor allem neutral – der Tester darf keinerlei Interesse am Ausgang des Tests aufweisen, sondern sich nur mit dem befassen, was sich dabei herausstellt, sei es nun erwartet oder nicht, wünschenswert oder nicht. Ein wahrer Fortschritt läßt sich nur erzielen, wenn wir unvoreingenommen sind. Die meisten meiner bedeutungsvollen Erkenntnisse stammen aus unerwarteten – und unerklärlichen – Testergebnissen.

Auch wenn Sie sich dem rigorosen Training zum Lebensenergie-Analytiker nicht unterziehen wollen, bedeutet das noch lange nicht, daß Sie deshalb von dieser Arbeit Abstand nehmen oder sich ausgeschlossen fühlen müssen. Um die Erkenntnisse der Psychoanalyse sinnvoll anwenden zu können, muß man nicht unbedingt Psychoanalytiker sein. Ähnlich können Sie die Ergebnisse, die die Analyse der Lebensenergie zusammengetragen hat, nutzen, nämlich das, was wir Cantillation nennen. Die Technik ist bei weitem nicht so bedeutsam wie das Bestreben.

Akupunktur und Lebensenergie

Lebensenergie ist kein sonderlich zufriedenstellender Ausdruck. Er klingt zu hart, zu kalt. Zu mechanisch. Aber ich finde kein besseres Wort. Es fehlt in unserer Sprache und muß deshalb wohl auch im Bewußtsein unserer Kultur fehlen. Im Griechischen ist es *Thymós,* in Sanskrit *Prana,* bei Paracelsus *Archaéus,* bei den Hebräern *Ruah* – der Atem Gottes, der Geist. Und bei den Chinesen ist es *Chi,* „die Form, in der das TAO existiert“.[13]

Sie gelangt mit dem Atem zuerst in den Lungenmeridian und fließt dann mittels des Meridiansystems durch den Körper, wobei sie jede Zelle und jedes Organ, jeden Muskel und jedes Gewebe mit Leben, Vitalität und Geist auflädt.

Die Lebensenergie des einzelnen ist die Menge an Geist, *Chi,* die ihn in diesem Augenblick durchströmt. Sie muß ihn frei und vollständig durchfließen. Verringert sich die Menge oder wird der freie Fluß behindert, ist das ein Zeichen mangelnder Gesundheit.

Wie ich an anderer Stelle ausgeführt habe[14], ist die Thymusdrüse die Hauptschaltstelle für das Akupunktursystem; deshalb ist auch die Verwendung des griechischen Wortes *Thymós* besonders angemessen. Die Thymusdrüse scheint in gewissem

Sinne ein Umwandler zu sein, der das im Einatemstrom enthaltene Energiepotential in eine – wahrscheinlich elektromagnetische – Form umwandelt, in der es durch den Körper fließen kann. Jede Minderung oder Behinderung der Lebensenergie wirkt sich immer auf das Funktionieren der Thymusdrüse aus; andererseits führt auch eine Störung der Thymusdrüse zu einer Minderung der Lebensenergie.

Wie wir wissen, überwacht die Thymusdrüse ständig das Immunsystem des Körpers. Sie hat aber noch eine ähnliche, wichtigere Funktion, nämlich die, die ich als die Schaltzentrale bezeichne.[15] Stellen Sie sich einen Kontrollraum vor, in dem Information über Lebensenergie von jedem Organ, Muskel, Gewebe und letztendlich aus jeder einzelnen Körperzelle einläuft. Das alles ist auf einem Bildschirm dargestellt, und die Aufgabe der Schaltzentrale besteht darin, das Akupunktursystem ständig zu überwachen und fein abzustimmen, indem Energie von den Stellen, wo zuviel ist, abgezogen und dorthin gelenkt wird, wo zuwenig vorhanden ist. Das reibungslose Funktionieren des Überwachungssystems bestimmt die Gesundheit des einzelnen. Dieses grundlegende Funktionsprinzip der Homöostase – das Hinleiten der Lebensenergie zu den Stellen, an denen sie gebraucht wird, an denen sie die Heilung durchführt – erhält uns im Zustand des Gleichgewichts, der Harmonie und der Gesundheit. Denn allein die Lebensenergie ist fähig zu heilen.[16]

Bei allen chronischen Problemen von Körper, Verstand und Geist funktioniert dieses Überwachungssystem nicht richtig. In manchen Fällen scheinen die Warnleuchten auszugehen, und das Problem gerät sozusagen in Vergessenheit und wird nicht länger mit Lebensenergie versorgt.

Ein schwerwiegenderes Problem bildet das, was ich umgekehrte Körpermoralität[17] nenne. In diesem Fall scheint es, als hätten sich die Warnlichter verkehrt, als seien die roten grün und die grünen rot geworden. In diesem Zustand kann jemand bei Haß stark und bei Liebe schwach testen. Dem Problem wird keine Energie zugeführt. Im Gegenteil, Energie wird aktiv daran vorbeigeleitet. So kann keine Heilung eintreten.

Jede geistige Tätigkeit wirkt sich auf den Körper ebenso aus, wie sich der Körper auf die Psyche auswirkt. Die beiden sind nicht voneinander zu trennen, sind eine durch das Akupunktursystem verbundene Funktionseinheit. Meiner Meinung nach ist das Versagen des Akupunkturüberwachungssystems der auslösende Punkt bei jeder geistigen, körperlichen und seelischen Krankheit, bei jedem einzelnen Fall menschlichen Leidens.

Jeder Akupunkturmeridian versorgt ein bestimmtes Organ mit Energie.[18] Außerdem vitalisiert, wie Goodheart demonstrierte, jeder Meridian bestimmte Muskeln[19], und zwar sowohl Körper- als auch Gesichtsmuskeln[20]. Diese Verbindung von

Organen und Muskeln (und Zähnen) durch die Akupunktur erklärt, wie die Schädigung eines Muskels zu Organschäden führen kann und wie darüber hinaus das Beheben von Unausgewogenheiten in der Muskulatur Organerkrankungen beseitigen kann. Darin besteht natürlich die Grundlage für viele Körpertherapien, besonders Chiropraktik und Osteopathie. Und außerdem helfen uns diese Erkenntnisse, unser Verständnis psychosomatischer Krankheiten zu erweitern.

Des weiteren bezieht sich jede Gebärde, jede Redensart, jede Körpergewohnheit auf einen bestimmten Meridian. Das gleiche gilt für jede Farbe, jeden Ton, jedes musikalische Motiv, jedes Wort, jede Redewendung, jeden Satz. Ferner läßt sich die Vitalität jedes Meridians durch bestimmte Nahrungsmittel, Aufbaustoffe und biologische Präparate [21] verändern.

Am wichtigsten von allem ist jedoch, daß zu jedem Meridian bestimmte emotionale Attribute gehören. Die positiven bezeichne ich als Tugenden (engl. *virtues,* vom lateinischen *virtus*=Kraft). Unter Tugend verstehe ich eine ethische Qualität von besonderer Auszeichnung und Wichtigkeit. Tugenden werden auch für *„die Macht oder das Funktionsprinzip“* gehalten, *„das übernatürlichen oder göttlichen Wesen innewohnt“.* [22] Die negativen Attribute bezeichne ich als Probleme. Zum Beispiel gehören zum Dünndarmmeridian Freude als positives und

Trauer als negatives Attribut. So sind die Tugenden des Dünndarmmeridians bestimmte und präzise Äußerungen der Freude, und seine Probleme sind das Gegenteil, nämlich präzise Äußerungen der Trauer.[23] Und überdies bezieht sich ein bestimmtes Problem nicht nur auf einen bestimmten Meridian, sondern auf einen bestimmten Punkt auf diesem Meridian. Zum Beispiel mag sich ein bestimmtes Problem am Lungenmeridian auf den Punkt 2 dort beziehen, ein anderes auf Lunge Nr. 4. *Eine* Behandlungsmöglichkeit besteht deshalb darin, den ganzen Lungenmeridian durch physische, psychologische oder spirituelle Mittel und Wege zu stimulieren.[24] *Eine andere,* speziellere, bestünde darin, den genauen Akupunkturpunkt durch welches Mittel auch immer zu stimulieren.

Die negativen Attribute, die Probleme sind es, die so gut wie alle (durch schlechte Gewohnheiten und falschen Gebrauch des Körpers verursachten) organischen Funktionsschwächen und alle Störungen des Knochen- und Muskelsystems auslösen, welche dann die verschiedenen körperlichen Korrektivmaßnahmen wie Osteopathie, Chiropraktik, Alexandertechnik, Massage erfordern. Außerdem bezieht sich auch jede Verletzung des Knochen- und Muskelsystems auf ein bestimmtes Problem, wobei sich die Störung in der Seele als Ungleichgewicht im Körper manifestiert.

Jede körperliche, verstandesmäßige und geistige Aktivität ist eine bestimmte Manifestation der Macht der Lebensenergie, von *Ruah,* dem Atem Gottes. Diese ist das Band zwischen allen Aspekten des Selbst und zwischen diesem und dem HÖHEREN SELBST. Die Lebensenergie ist der uns innewohnende Lebensgeist, der uns bei unserem Tod verläßt und sich anderswo hinwendet.

Verkünde, oh meine Seele, die Größe des Herrn.

Lukas 1,46

Der Weg durchs Leben
wird bestimmt
von Hunderttausenden,
Millionen von Entscheidungen.
Was fühlen, was wollen,
was sagen, was essen, was tun?
Und jedesmal, bei jeder Wahl
entscheiden wir uns
für Gesundheit, Liebe, Gott
– oder *nicht.*
So ist jede Entscheidung spirituell.
In jedem Augenblick
wählen wir Gott
– oder nicht.

Weder ich noch sonst irgend jemand kann diesen Weg für dich gehn. Du mußt ihn alleine beschreiten.

W. Whitman

Niemand verändert sich jemals wirklich
durch das, was du für ihn tust
– nur durch das, was er für sich selbst tut.
Aber deine Freundlichkeit mag ihm helfen,
sich für die Liebe zu entscheiden.

Eine Theorie vom menschlichen Leiden

> *„Wir sind nichts als Willen."*
>
> Augustinus

Nach den Lehren des Buddha entsteht jedes menschliche Leiden aus Begehren. Obwohl sich die zweite der EDLEN WAHRHEITEN für die höchsten Ebenen des Verstehens eignet, muß ich die Erörterung derselben auf das beschränken, was meinen eigenen Grad an Erleuchtung kennzeichnet, in der Hoffnung, daß ich in der Zukunft zu Besserem fähig bin. Jedes menschliche Leiden ist die Folge dessen, was ich unsere Probleme nenne, die speziellen Fallbeispiele von Nicht-Liebe. Jedes ist eine Entscheidung gegen den WEG, eine Entfremdung von Gott, von der NATUR.[25]

> Krankheit ist die Abkehr von der NATUR,
> Gesundheit die freudige Heimkehr.

Was auch immer unser Leiden sein mag, Impotenz oder Verdauungsstörungen, es ist die Folge einer negativen Entscheidung an der Weggabelung. Jede solche Wahl zieht eine andere nach sich und noch eine und entfremdet uns immer mehr. Natürlich ist auch das Gegenteil davon wahr. Jede positive Entscheidung führt zur nächsten und so weiter, bis zum Cantillieren auf immer höheren Ebenen. Die Entscheidung liegt bei uns allein.

Diese Entscheidungen erwachsen aus unbewußten Motivationen und sind auch eher unbewußt als bewußt. Trotzdem halte ich es für angemessen, sie als „absichtlich“ zu bezeichnen. Absichtlich in dem Sinne, daß sie nicht zufällig geschehen und daß überdies eine Entscheidung auf irgendeiner Ebene getroffen wurde, sich etwas Negatives zu eigen zu machen. Denn der Gott in uns wohnt in unserem Unbewußten. Der WEG ist da und kann erkannt werden.

So sind wir denn, wer wir sind, auf Grund der zahllosen positiven und negativen Entscheidungen, die wir im Laufe unseres Lebens getroffen haben. Und um der negativen willen leiden wir.

Ferner können wir durch die Analyse der Lebensenergie diejenigen spezifischen Krankheiten bestimmen, an denen ein bestimmter Mensch zu leiden wünscht, und zeigen, wie wir durch Negativität körperliches Leiden tatsächlich auswählen.

„Für ein ethisches Leben ist Unterscheidungsfähigkeit unabdingbar“[26], und ethisches Leben heißt für mich ein Leben der Cantillation. Es muß natürlich

auch Willensakte geben, *„aber es ist klar, daß das Sehen und die Unterscheidungsfähigkeit gefördert werden müssen"*, um den Pfad des rechten Handelns zu erlernen.

Die Analyse der Lebensenergie kann ein äußerst mächtiges Mittel zum Erlernen und Praktizieren der Unterscheidungsfähigkeit sein. Denn sie kann in jedem Augenblick und in jeder Situation die richtige Entscheidung aufzeigen, die Entscheidung, die zum NIRWANA hinführt. Dies hilft dann dem Willensakt, dem Akt des Glaubens und des Mutes. Willenskraft ohne Unterscheidungsfähigkeit ist blind. Und Unterscheidungsfähigkeit ohne Willen ist sinnlos und leer. Die Analyse der Lebensenergie fördert in ihrer besonderen Art beide.

Das Bewußtsein des Leidens schafft Mitgefühl
und Mitleid ist der Wille, dem WEG zu folgen.[27]

Die Antwort, die der Buddha uns lehrte, liegt im WEG DER MITTE, den ich ein Leben der Cantillation nenne. Nur dadurch läßt sich das Leiden überwinden. Wir erreichen es durch kreatives Handeln, durch Umformungen des Willens. Ich glaube, das kann, zumindest bis zu einem gewissen Grad, durch die Analyse der Lebensenergie erreicht werden.

„Wolle die Wandlung.
O sei für die Flamme begeistert,
drin sich ein Ding dir entzieht,
das mit Verwandlungen prunkt;
jener entwerfende Geist,
welcher das Irdische meistert,
liebt in dem Schwung der Figur
nichts wie den wendenden Punkt.“[28]

Die Analyse der Lebensenergie beruht auf dem tiefen Glauben an die Buddhanatur, den Gott in uns allen. Sie strebt danach, den Leidenden bei der Überwindung dessen zu helfen, was sie daran hindert, ihn zu finden, zu kennen, zu leben.

Die Patienten klagen,
das Leben sei Leiden,
wiederholen die Worte
des Buddha.

So liegt die Antwort
nicht in medizinischen Schriften,
sondern in den Predigten
der Heiligen.

Es gibt einen Ort jenseits des Hasses,
wo Liebe und nichts als Liebe herrscht,
ein Land der Freude und der Heiterkeit,
des Friedens und der Seelenreinheit.
Der tröstliche Schoß, die Hände Gottes,
die Heimat des Wiegenlieds.

Probleme und Tugenden der Meridiane

Ich gebrauche das Wort *Problem* hier in einem ganz bestimmten Sinn, nämlich als das typische negative Attribut eines bestimmten Meridians, das als Folge eines emotionalen, einen bestimmten Punkt dieses Meridians betreffenden Traumas entstand. Ein Problem ist eine Frage, ein Dilemma, das gelöst, ein Hindernis, das überwunden werden muß.

Es gibt nur zwei grundlegende Emotionen: Liebe und Haß – und auf einer noch tieferen Ebene nur Liebe. Jedes Problem ist deshalb ein eigentümliches Beispiel von Nicht-Liebe, dem Fehlen der Cantillation. Deshalb ist auch, abgesehen von der besonderen Meditation zur Überwindung dieses speziellen Problems, das Aktivieren von Liebe und Cantillation immer und universell sehr wirksam.

Alle Gedanken,
alle Wünsche,
alle Taten –
einfach alles
geht letztendlich auf Liebe oder Haß
zurück.

Und doch gibt es –
noch tiefer unten –
immer nur Liebe.

Jedes Problem erwuchs aus einer oft unbewußten, negativen Entscheidung gegen den WEG DER NATUR. Im Sinne der VIER EDLEN WAHRHEITEN ist jedes davon ein Begehren, ein sich Anklammern, das zu unserem Leiden beiträgt. Jedes einzelne davon ist ein Hindernis und hält uns von einem Leben in Freude und Cantillation ab. Die Aufgabe der Analyse der Lebensenergie ist es, diese Probleme zu erfassen und bei ihrer Umwandlung zu helfen, so daß wir auf immer höhere Ebenen aufsteigen können.

Es gibt viele Arten der Umformung. Es gibt bestimmte Meditationen und Körperübungen für jedes Problem, auch Gesten, Töne, musikalische Motive usw. Jedes dieser Mittel kann, wenn der Wunsch nur groß genug ist und es intensiv genug durchgeführt wird, das entsprechende Problem überwinden und zum Cantillieren verhelfen.

Das folgende Beispiel mag aufzeigen, wie eigentümlich ein solches Problem sein kann. Ich arbeitete mit einer Schauspielerin, die sich nicht in eine Rolle in einem Theaterstück hineinfinden konnte. Ich entdeckte, daß dies mit einem Problem am Lungenmeridian zu tun hatte[29], genauer gesagt mit dem

Gefühl, innerlich tot zu sein. Jetzt verstanden wir, warum sie sich nicht in ihre Rolle hineinfinden konnte – sie konnte diesen Aspekt der Rolle nicht in sich finden: sie war innerlich leer, tot. Durch das Testen fanden wir heraus, daß dieses Problem ungefähr ein Jahr zurückreichte, bis zu dem Zeitpunkt, an dem sie eine Abtreibung gehabt hatte. Nachdem wir nun das Problem erfaßt hatten, war es nicht mehr schwer, ihr dabei zu helfen, innerlich wieder lebendig zu werden. Danach konnte sie sich in ihre Rolle hineinversetzen.

Der Lungenmeridian weist viele Probleme auf. Da er der primäre Meridian ist, beziehen sich viele der grundlegenden Probleme und Tugenden im Leben auf ihn: die tiefstliegenden Einstellungen unserer Mutter gegenüber, die verstecktesten Gedankenwendungen und der tiefste Lebens- oder Todeswunsch. Einige Meridiane haben nur wenige Probleme, andere viele – besonders der Herzmeridian (Ärger) und der Kreislauf-Sexus-Meridian –. Das sagt eine Menge über uns aus. Manche Probleme liegen tiefer als andere, deshalb werden bei Überwindung der tieferliegenden automatisch alle oberflächlicheren auch behoben. Manche Probleme treten auch in einer bestimmten Reihenfolge innerhalb einer Kette auf. In diesem Fall ist es wohl angebrachter, von *Komplexen* zu reden.

Wie genau wird die Art eines Problems bestimmt? Ein Mann erzählt mir, daß er sich seit dem

Vortag beunruhigt fühlt, er weiß aber nicht, was eigentlich los ist. Wenn er das nur wüßte, würde er es sofort in Ordnung bringen. Ich bitte ihn, sich in dieses Gefühl der Beunruhigung ganz hineinzuversetzen, es wiederzuerleben, und teste dabei die verschiedenen Meridiantestpunkte aus.[30] Eine Beziehung zum Herzmeridian stellt sich heraus. Dann teste ich, wie weiter unten beschrieben, alle die verschiedenen Probleme beim Herzmeridian aus, bis wir seinen ganz speziellen Ärger gefunden haben (der sich von allen anderen Formen des Ärgers deutlich unterscheidet). Jetzt müssen wir das Trauma finden, das ihn heraufbeschwor. Ich bitte ihn, sich bis zur, sagen wir, Mittagspause des vorigen Tages zurückzuversetzen. Das Problem ist schon vorhanden. Beim Frühstück aber noch nicht. Er erinnert sich an die verschiedenen Ereignisse des vergangenen Vormittags, und dann haben wir es schon: es geschah genau zu dem Zeitpunkt, als sein Vorgesetzter ihn vor den Augen anderer Angestellter rügte.

Mit Hilfe des Tests hat ihn die Analyse der Lebensenergie gelehrt, welcher Art das Problem ist, mit dem er zu tun hat, und wann genau es auftrat. Er kennt nun die negative Wahl, mit der er sich für die Nicht-Liebe entschied, und was genau ihn dazu veranlaßte. Jetzt braucht er nichts weiter zu tun, als an diese Wegscheide zurückzukehren und die positive Wahl zu treffen, sich für eine kreative Tat zu entscheiden. Er muß sich für das entsprechende positive Attribut, die entsprechende Tugend des Herzmeridians entscheiden, hier: *sein Herz öffnen und vergeben.* Das Problem verschwindet sofort. Er ist dadurch Gott näher gekommen, denn ein Problem überwinden heißt, es in eine Tugend verwandeln. Jetzt muß ich erklären, wie es möglich war, das exakte Problem aufzuspüren. Durch zahllose Experimente habe ich für jedes der vielen Hunderte von Problemen eine spezielle Testaussage, Visualisation beschrieben, ein Muster und eine Aktivität. Ich brauche also die betreffende Person nur noch auf die den Herzmeridian betreffenden Testreihen hin auszutesten, um herauszufinden, welche davon (und es kann sich um mehr als nur eine handeln) sie betrifft. Dann bestimmen wir den genauen Zeitpunkt, an dem es geschah, den Augenblick, in dem die negative Entscheidung fiel, indem wir die Testperson sich zurückerinnern lassen. Das kann vor einem Tag oder vor Jahren gewesen sein.

Hier ist noch ein Beispiel. Vor einigen Jahren behandelte ich einen Mann, der schon beinahe zehn Jahre lang schwer kokainsüchtig war. Er war damals zwischen zwanzig und dreißig Jahren alt. Er arbeitete gelegentlich, aber nie für lange Zeit. Sein Einkommen, das er ganz für den Drogenkauf verwendete, kam vom Handel mit der Droge. Seine Zukunftsaussichten waren öde.

Bei Suchterscheinungen finde ich jedesmal ein ganz bestimmtes Problem, das mit Bedauern zu tun hat (Kreislauf-Sexus-Meridian[31]). Ich nenne es *die*

Vergangenheit auslöschen. Es ist dort immer ein Trauma vorhanden, das die entsprechende Person mit Hilfe von Drogen oder Alkohol aus dem Gedächtnis löschen will. Ich testete ihn daraufhin, und wie erwartet war das Problem vorhanden. Nun galt es herauszufinden, wodurch es verursacht worden war. Bei der Rückerinnerung fanden wir, daß es geschehen war, als er vierzehn Jahre alt war – in dem Augenblick, als seine jüngere Schwester vor seinen Augen starb. Innerhalb eines Jahres hatte er aufgehört, zur Schule zu gehen, und war schwer drogenabhängig. Ich ermutigte ihn dazu, sich daran zurückzuerinnern und sich für die kreative Wahl zu entscheiden. Leichter gesagt als getan. Er schaffte es aber trotzdem, gab die Drogen fast unmittelbar danach auf – und ging wieder zur Schule. Heute ist er ein angesehener – und drogenfreier – Heilpraktiker.

Leider sind nicht alle Fälle so erfolgreich. Aber die Gelegenheit zur Hilfeleistung durch die Analyse der Lebensenergie ist immer vorhanden. Manche Menschen sind bereit und fähig, ihr Problem in eine Tugend umzuwandeln, andere sind zu diesem Zeitpunkt dazu nicht in der Lage. Es wird auch für sie die richtige Zeit kommen, denn es gibt für jeden einen Weg zum richtigen WEG. Jeder Wassertropfen kehrt einmal ins Meer zurück, wir alle gelangen in das FREIE LAND, erreichen das NIRWANA. Dieser Optimismus wohnt der Analyse der Lebensenergie inne.

Ein Zweig, in einen Bach geworfen,
eilt weiter gleich zum Fluß, zum Meer:
doch manchmal fängt ein Wirbel ihn
und hält ihn kreisend fest, anscheinend
eine Ewigkeit.

Doch immer, immer setzt der Strom
ihn wieder frei
und trägt ihn fort:
Das Wasser siegt immer, immer,
und alle gelangen wir zurück ins Meer.

Es ist wichtig festzustellen, daß ein Ereignis, auch wenn es noch so schmerzhaft und unerfreulich war, nicht zum Trauma werden muß, obwohl es für jeden von uns letztlich einen Punkt gibt, an dem wir zerbrechen. Ist die Lebensenergie hoch genug, wird das Problem nicht unbedingt aktiviert. Statt dessen kann eine positive Wahl getroffen werden. So wird aus einer möglichen Katastrophe eine Chance. Es steht uns immer frei, die richtige Wahl zu treffen. „*Ein Mißgeschick läßt sich gar wohl gebrauchen.*"[32] Hier kann die Analyse der Lebensenergie von besonderem Nutzen sein, weil sie uns bestimmen hilft, welche Wahl die richtige ist.

Und selbst wenn wir überwältigt und traumatisiert sind, läßt sich das Problem später immer noch bearbeiten. Wenn es erst einmal bewußt ist, geht das leichter. Dazu ist nichts anderes erforderlich als ein

Anheben der Lebensenergie durch einen ganz bestimmten Akt der Kreativität.

Es gibt eine Geschichte aus dem Buddhismus, von einem Suchenden, der endlich den Heiligen gefunden hat, von dem er sich die Erleuchtung erhofft. Dieser empfängt ihn mit der Frage: „Wer sind denn alle diese Leute, die du mitgebracht hast?" Er schaut sich um. Es ist niemand zu sehen. Da erkennt er, daß der Weise auf alle die Bindungen in seinem Leben anspielt, an denen er immer noch festhält. Meridianprobleme sind so ähnlich: Sie sind Ballaststücke, die wir womöglich unser Leben lang mit uns herumschleppen. Erst wenn wir sie endlich abwerfen, werden wir leicht, frei und unbeschwert. Erst dann ist eine gegenwärtige Schwierigkeit nicht mehr als einfach das und kann als solche in der Gegenwart angegangen werden. Und wir brauchen uns nicht länger mit all den Verzerrungen und Unwirklichkeiten der Vergangenheit abmühen.

Die Wirklichkeit ist kein Problem,
nur die auf sie projizierten Phantasien.

Die Analyse der Lebensenergie umreißt nicht nur die Probleme einer Person, sondern – und das ist noch wichtiger – umreißt auch deren Tugenden. Nehmen wir zum Beispiel an, ich teste jemanden auf ein Problem hin, und es stellt sich heraus, daß dieses Problem bei dieser Person nicht auftaucht. Dann bedeutet dieses positive Ergebnis nicht nur die Abwesenheit des Problems, sondern weist auf das Vorhandensein der entsprechenden Tugend hin. Es ist nicht nur kein Todeswunsch vorhanden, sondern die entsprechende Person ist ausgesprochen froh, am Leben zu sein, will wirklich leben. Jedes Problem, das bei Ihnen nicht auftritt, bedeutet eine vorhandene Tugend. Jede Tugend stimuliert einen gleichmäßigen Strom an Lebensenergie. Und die Tugenden summieren sich zur TUGEND.

Tugend ist das Band aller Vollkommenheit
und das Herz aller Lebenszufriedenheit.[33]

Für jeden von uns kommt einmal die Zeit,
da wir endlich das NIRWANA erreichen.
Das ist der Weg des Wassers.
Das ist das GESETZ DES TAO.

Vielleicht in diesem Leben,
vielleicht bei unserm Tod,
vielleicht in einem späteren Leben
oder einem zukünftigen Tod.

Der Zeitpunkt ist offen, das Ende gewiß.
Das ist der Weg des Wassers.
Das ist das GESETZ DES TAO.

Ach, wäre mir vergönnt,
in meinem Herzen sein Gesicht zu schauen!

Halevi

Ich bin das Weltenfeuer
im Leib der Lebewesen.

Bhagavad Gita

Der vollkommene EDELSTEIN *ruht in deiner*
Seele,
erwecke ihn zum Bewußtsein!
Er, der aller Sorgen ledig, sorgt für dich,
denn das ist der Weg des HERRN.

Kabir

Der Gott in uns

Unter all den Erkenntnissen, die uns das Testen liefert, ist eines von entscheidender Wichtigkeit. Dabei ist es so offensichtlich, daß wir es für selbstverständlich hinnehmen und nur selten, wenn überhaupt, bedenken. Und doch kann seine Bedeutung nicht hoch genug eingeschätzt werden.

Das Testen basiert auf der Tatsache (ich benutze dieses Wort in voller Absicht), daß *etwas* in uns die Antwort kennt, was auch immer die Frage sein mag. Wir *kennen* die Auswirkungen von Leuchtstoffröhren, bestimmten Nahrungsmitteln, Gedanken, Musik. Wir wissen das alles, wenn auch auf einer sehr tiefen inneren Ebene. Die Aufgabe des Tests besteht darin, die Verbindung mit dieser unbewußten Informationsquelle aufzunehmen und sie offenzulegen. Das Unbewußte weiß immer, wir müssen nur lernen, es zu fragen.

Das ist die Aufgabe des Tests. Es gibt für jeden in jedem Augenblick die richtige Wahl. Und sie ist uns *bekannt.* Aber statt uns auf unser kreatives Unbewußtes einzustellen, hören wir nicht zu und ignorieren es.

Und außerdem ist die richtige Wahl, die positive Entscheidung einfach, denn sie ist natürlich. Die negative Entscheidung ist es, die ganz unnötigerweise so viel Energie verbraucht. Und genau daraus erwächst das menschliche Leiden.

> *„In der Tat ist Kummer die Folge des Bemühens, dem sich der einzelne unterziehen muß, um sich vom Rest der Schöpfung abzutrennen.“*[34]

Wenn sie aus einer Tugend entsteht, ist die Wahl positiv und kreativ; wenn sie auf ein Problem hin erfolgt, ist sie negativ und destruktiv. Das Resultat läßt sich natürlich nicht vorhersagen. Es kann vorkommen, daß auch eine kreative Entscheidung infolge späterer äußerer Eventualitäten scheinbar zu einem Fehlschlag führt. Wichtig ist jedoch, daß die Wahl zu dem Zeitpunkt, an dem sie getroffen wird, kreativ ist. Und wenn auf Grund der Umstände später noch eine weitere Entscheidung zu fällen ist, muß auch diese kreativ sein. Wir treffen täglich unzählige Entscheidungen. Jedes Wort, jede Geste, alles, was wir denken und tun, ist die Folge einer bestimmten (unbewußten) Meridianentscheidung. Im Laufe unseres Lebens fällen wir Millionen solcher Entscheidungen. Ist das Klima in unserem Unbewußten hauptsächlich von Liebe bestimmt, sind diese Entscheidungen positiv, und jeder Gedanke, jede Tat stärkt unsere Lebensenergie und trägt zu weiteren positiven Entscheidungen bei. Ist das Klima dagegen von Haß bestimmt, verringert sich die Lebensenergie fortlaufend durch alle folgenden Entscheidungen.

Es gibt einen Standard für ethisches Verhalten, das DHAMMA – den wir bestimmen können. Es gibt den ACHTFACHEN PFAD, den WEG DER MITTE – und wir kennen ihn. Der Test bringt ihn uns zu Bewußtsein. Es gibt ein ethisches Wesen in uns allen, aus dem der Test schöpft: die GROSSE MUTTER, das SOSEIN, die WIRKLICHKEIT, die BUDDHANATUR. Wenn wir dem Weg dieses Gottes in uns folgen, nähern wir uns der NATUR immer mehr an. Sind wir von Liebe erfüllt, schwingen wir mit dem PULS DES LEBENS. Dies ist zum Verständnis des Testens wichtig, wenn es in den Rahmen der Analyse der Lebensenergie eingebaut ist und zum Cantillieren verhelfen soll. Dies ist nur einer aus einer Vielzahl von Wegen. Einer, der meiner Meinung nach so gültig ist wie die vielen anderen.

„Von welchem Gesichtspunkt aus wir den einzelnen auch betrachten mögen, wir finden überall den sozialen Bezug. Empfangen in einer sozialen Vereinigung, hineingeboren in eine Gesellschaft, wächst er in dieser Gesellschaft auf und wird von der Gesellschaft für den Lebenskampf ausgerüstet. Die Errungenschaften der

Gesellschaft sind sein Erbe. Er erlernt die gesellschaftlichen Gebräuche, noch bevor er sich dieses Prozesses bewußt ist; der gesellschaftliche Glaube wird sein Glaube; Denken wird möglich, weil er in das Handeln, die Sprache, den Umgang mit den Leuten, mit denen er lebt, eingefügt ist. Der einzelne lebt in diesem sozialen Kreis, lernt dort und nimmt sein Erbe an Wissensschätzen, Wissenschaft und Lernen, ohne das ein einzelnes Leben rudimentär bliebe, in Anspruch. In der Isolation wäre ein Mensch überhaupt kein Mensch.“[35]

Der Ausdruck *Altruismus* wurde von Auguste Comte geprägt. Er bedeutet „*in der Ethik die Theorie des Verhaltens, die das Wohl der anderen (der Gesellschaft) als das Ziel moralischen Handelns betrachtet*“[36]. Er bedeutet: „*sich dem Wohlergehen anderer widmen ... als Handlungsprinzip*“[37]. Im Gegensatz zum Egoismus: „*Das Hauptproblem unserer Existenz besteht darin, den Egoismus soweit wie möglich dem Altruismus unterzuordnen.*“[38] Dies scheint bis hierher eine Neuformulierung der Grundlagen der VIER EDLEN WAHRHEITEN zu sein. Predigte Buddha nicht Gnade und Mitgefühl? Und um in den Worten Farrars zu sprechen: „*Ist Altruismus ein süßeres oder besseres Wort als Caritas?*“[39] Ist nicht Altruismus *Caritas?*

Der Weg geht über ethisches Verhalten, über Altruismus, Caritas; durch Handeln in Übereinstimmung mit den Lehren des Gottes in uns.

Das Problem der Kontrolle

Die Frage der Kontrolle ist ein ganz spezielles Problem, aber von so grundlegender Bedeutung, daß es angebracht erscheint, in dieser allgemeinen Einführung darauf einzugehen. Bei jedem Meridianproblem zeigt sich ein Kontrollfaktor. Kontrolle ist ein besonderer Fall von Introjektion und tritt auf, wenn wir das Gefühl unserer eigenen Identität verloren oder womöglich noch gar nicht erlangt haben, das Gefühl unserer Identität in einem bestimmten Bereich unserer Persönlichkeit. Auf der verzweifelten Suche nach Identität verleiben wir uns dann gierig den uns fehlenden Persönlichkeitsaspekt eines anderen Menschen ein und verhalten uns dementsprechend. Der andere ist dabei immer jemand, der sich auf diesem Gebiet seiner selbst mehr bewußt zu sein scheint und sich nach außen so darstellt: ein Elternteil, Ehegatte, Arbeitgeber, Politiker – und die meisten Gurus.

Die andere Möglichkeit, zu einer (falschen) Identität zu gelangen, besteht darin, die Kontrolle zu übernehmen. Aus „Ich weiß, wer ich bin – ich werde von anderen kontrolliert" wird „Ich weiß, wer ich bin – ich kontrolliere andere".

Praktisch jeder Patient erweist sich beim Test als durch den Therapeuten kontrolliert (wenn nicht, kontrolliert er den Therapeuten). Es ist deshalb wesentlich, daß jemand, der mit der Analyse der Lebensenergie arbeitet, im Rahmen der Analyse über ein so starkes Identitätsgefühl verfügt, daß er kein Bedürfnis danach hat, die Testperson zu kontrollieren oder von ihr kontrolliert zu werden. Nur dann können beide frei entscheiden und wachsen.

Wenn jemand mit einem bestimmten Problem die Namen verschiedener Personen, die in seinem Leben eine Rolle spielen, hersagt, zeigt sich, daß einer davon ihn stärkt. Im weiteren Testverlauf erweist sich dann, daß dies die Person ist, die ihn in bezug auf dieses Problem hin kontrolliert. Besser gesagt ist es die verinnerlichte Anschauung dieser Person, die ein Meridianproblem verursachte. Hier sehen wir also eine zweite Möglichkeit zum Verwandeln eines Problems in eine Tugend: in einer Situation unsere eigene Identität zu entdecken.

Betrachten wir dieses einfache Beispiel: Eine junge Frau klagt darüber, daß sie sich seit kurzem frigide fühlt und ihr Interesse am Sex mit ihrem Freund verloren hat. Ich finde heraus, daß der Kreislauf-Sexus-Meridian betroffen ist und es sich, genauer gesagt, um ein Problem der sexuellen Identität handelt. Sie testet nämlich auf die Aussage „Ich bin mehr Mann als Frau“ hin stark und auf „Ich bin mehr Frau als Mann“ hin schwach. Sie testet weiterhin auch stark, wenn sie sich vorstellt, einen Männeranzug zu tragen, und schwach, wenn sie sich in einem Kleid sieht.

Der Test ergibt, daß sich das Problem vor einem oder zwei Monaten einstellte (obwohl ein so tiefgehendes Problem natürlich auch in der Vergangenheit von Zeit zu Zeit aufgetreten sein muß). Dann nennt sie die verschiedenen Leute, mit denen sie in letzter Zeit zu tun hatte. Wenn sie ihren Freund, ihren Vater und ihre Arbeitskollegen erwähnt, verändert sich ihre Reaktion nicht. Als sie jedoch den Namen einer bestimmten Frau ausspricht, verkehrt sich ihre Reaktion. Sie wird von dieser Frau kontrolliert.

Wir finden heraus, daß das Problem in dem Moment begann, als sie eines Abends alleine zusammensaßen und ihr die andere (lesbische) Frau nach ein paar Gläsern Alkohol einen Antrag machte. Sie wies diesen zwar zurück, doch war der Schaden schon geschehen. Ihre vorher schon geschwächte sexuelle Identität war zerstört. Seit damals lebt sie in gewissem Sinn die Wünsche der anderen Frau aus und wendet sich von Männern ab. So erweist sich denn auch beim Test, daß sie von dieser Frau kontrolliert wird und ihren bewußten Wünschen entgegen ein sexuelles Erlebnis mit ihr sucht. Nachdem sie das Gefühl ihrer eigenen sexuellen Identität wiederhergestellt hat, gewinnt sie die Kontrolle über sich zurück und begehrt die andere Frau nicht länger. Ihre sexuellen Schwierigkeiten sind beseitigt.

Wir dürfen aber nicht glauben, daß die Angelegenheit damit erledigt ist. Sie muß ihre Schwäche auf diesem Gebiet nicht nur anerkennen, sondern ständig daran weiterarbeiten und sich das Gefühl ihrer sexuellen Identität bewußt machen. Bis dieses fest verankert ist, bleibt sie weiterhin leicht angreifbar und muß ständig auf der Hut sein: *„Erfreue dich der Wachsamkeit.“* (Dhammapada)

Und wieder kommen wir zum selben Schluß: Das Problem der Kontrolle läßt sich letztendlich nur dadurch lösen, daß wir den Gott in uns finden, denn dieser ist unsere wahre Identität.

Wir erkennen unsere Identität,
wenn wir den Gott in uns finden.
Dann dürfen wir mit ihm verkünden:
„Ich bin, der ich bin.“

So paradox dies auch erscheinen mag, wir entdekken letztendlich unsere Identität erst in dem Moment, in dem wir uns aus freiem Willen dem HÖHEREN SELBST ergeben.

Deine wahre Identität erkennst du erst, wenn du dich freiwillig der Liebe ergibst.

„Mein Ich ist Gott,
noch kenne ich mein Selbst,
es sei denn in ihm!"

Katharina von Genua

Wie der Geist auf den Körper einwirkt: ein Lösungsvorschlag

Wie kann ein negativer Gedanke körperliche Veränderungen auslösen? Betrachten wir eine Person, deren Problem Depression ist. Dies führt zu einer Verringerung der Lebensenergie im Meridian der Schilddrüse[40], die mehrere schwerwiegende physiologische Veränderungen nach sich zieht. Zum Beispiel ergibt sich aus der verminderten Zufuhr von Lebensenergie an der Schilddrüse eine Behinderung in deren Funktion, die in leichten und vorübergehenden Fällen biochemisch nicht auffindbar sein mag. Bei schweren und lange andauernden Fällen kann dies jedoch sehr wohl zu klinischen Veränderungen führen, die so auffällig sind, daß sie sich messen lassen. Wie Goodheart demonstrierte[41], leidet außerdem die Energieversorgung zum *Teres-minor*-Muskel. Und dies führt zu einer anatomischen Störung der betroffenen Körperzone und der entsprechenden Stelle am Rückgrat. Es führt also in der Tat zu feinen, aber bestimmten Veränderungen im ganzen Körper. Eine weitere Veränderung besteht darin, daß die betroffene Person die für dieses spezielle Schilddrüsenmeridianproblem charakteristische Gestik annimmt[42], was wiederum feine, aber sich durch den ganzen Körper und das Gesicht hinziehende Veränderungen zur Folge hat.[43]

So weit, so gut. Doch die Frage ist noch offen: Wie gelingt es dem depressiven Gedanken, die Energiezufuhr zu dem entsprechenden Meridian zu verringern?

Bevor wir die Antwort darauf versuchen, möchte ich die bis jetzt dargestellten Konzepte zusammenfassen. Wir beginnen mit der Veranlagung zu einem bestimmten Problem, wie zum Beispiel Erbanlagen, Ernährung, das emotionale Klima in der Kindheit und andere vorhergegangene physische und psychologische Traumen. Ein weiterer wichtiger Faktor bei einer Veranlagung ist die Neigung, sich kontrollieren zu lassen, das heißt, der Mangel an Identität für diesen speziellen Aspekt der Persönlichkeit.

Jetzt tritt das besondere Ereignis ein, das als Folge der Veranlagung nicht mit einem Schulterzucken abgetan oder womöglich gar in eine Chance umgewandelt wird. Statt dessen wird es zum Trauma und verringert den Zufluß an Lebensenergie, den *Thymós.*

In diesem entkräfteten Zustand fällt dann die entsprechende negative Entscheidung, und daraus erwächst das entsprechende Meridianproblem. Das Problem verursacht in der Folge dann eine Verringerung der Lebensenergie in dem betroffenen

Meridian und dadurch in den entsprechenden Organen und Muskeln, was zu Störungen des biochemischen Haushalts, der Physiologie und des Körpergebrauchs führt. Und außerdem stärkt diese Verringerung der Lebensenergiezufuhr als Folge eines Traumas die Veranlagung für das nächste Mal. Dieses Problem kann nun weiterhin anhalten oder irgendwann einmal durch einen bewußten Akt des Willens oder ein aus dem Unbewußten stammendes kreatives Tun behoben werden. Dieses kann viele Formen annehmen, es mag ein scheinbar ganz sinnloser Gedanke sein, ein Traum oder ein Stück einer Melodie, die einem in den Sinn kommt und das Problem zum Verschwinden bringt.

Zurück zu unserer Frage. Um zu verstehen, wie ein Gedanke vom „Geist" in den „Körper" gelangt, müssen wir uns mit dreien der elektromagnetischen Eigenschaften des Körpers befassen.

Zunächst müssen wir uns daran erinnern, daß *Chi* selbst wahrscheinlich elektromagnetischer Natur ist. Deshalb darf man sich die Meridiane nicht wie Blutgefäße, sondern eher wie unsichtbare Kraftlinien vorstellen.

Zweitens gibt es ein magnetisches Gitternetz [44], das sich über die gesamte Körperoberfläche hinzieht. Es scheint Punkte alternierender magnetischer Energie zu geben, die ungefähr anderthalb Zentimeter voneinander entfernt liegen, vertikal und horizontal. Die Erkenntnis, daß dort, wo Verletzungen oder anatomische Störungen vorhanden sind, die Polarität örtlich umgekehrt – der Norden jetzt Süden und der Süden Norden – ist, ist sehr bedeutungsvoll. Ist die Verletzung geheilt, kehrt sich die Polarität wieder um und wird wieder ein funktionierender Teil des gesamten Gitternetzes. Gedanken führen, wie Sie sich sicher erinnern, zu Veränderungen im Körper. So kann jeder Gedanke eine örtliche Störung im allgemeinen Muster hervorrufen.

Drittens läßt sich beobachten, daß der Körper von einem elektromagnetischen Feld umgeben ist. Außerdem finden sich sieben Stellen, an denen sich diese Energie hauptsächlich konzentriert: über dem Schambein, dem Unterleib, dem Oberbauch, der Thymusdrüse in der Brust, dem Hals, der Stirn und der Schädeldecke. Die beiden oberen spielen in diesem Zusammenhang keine Rolle, die unteren fünf jedoch beziehen sich auf die Meridiane und sind deshalb hier wichtig. Das Schambein steht in Beziehung zum Blasenmeridian, der Unterleib zum Nierenmeridian, die Thymusgegend zum Herz- und zum Lungenmeridian, der Hals zum Schilddrüsenmeridian und der Oberbauch zu allen übrigen.

Wir können erwarten, daß jedes Meridianproblem auch eine Störung im zugehörigen elektromagnetischen Zentrum hervorruft. Und ein spezielles Testverfahren bestätigt unsere Annahme. Es lassen sich speziell über den Störstellen des oben beschriebenen magnetischen Gitternetzes auch Störungen im elektromagnetischen Feld feststellen.

Diese örtlich begrenzten Fehler stehen also ebenfalls in bezug zu speziellen Meridianproblemen.

Zwei weitere Punkte muß ich hier noch erwähnen: Mit jeder Störung des elektromagnetischen Feldes entsteht ein Kontrollproblem, was wiederum auf die Beziehung zwischen diesen Fehlern und speziellen Meridianproblemen hinweist. Diese Feldprobleme tauchen beim Testen nur dann auf, wenn der Körper auf besondere Weise zum Magnetfeld der Erde ausgerichtet ist, was ein weiterer Hinweis auf die elektromagnetische Natur dieser Feldprobleme ist. Manche zeigen sich, wenn die Testperson aufrecht steht, manche nur im Liegen und wieder andere vielleicht nur, wenn sie sich in einem bestimmten Winkel nach vorne beugt oder zurücklehnt.

Bevor wir unsere Frage beantworten können, muß nun noch eine weitere Erkenntnis beschrieben werden. Hierbei handelt es sich um eine spezielle Anwendung dessen, was Goodheart als den *Bleieffekt*[45] bezeichnete, nämlich den Umstand, daß ein kleines Stückchen Blei die Übertragung der Akupunkturenergie behindert. Wird es zum Beispiel auf einen Meridianpunkt gelegt, verringert sich die Energie in diesem Meridian, als ob das Blei die Energie am Einfließen in diesen Meridian hinderte.

Lassen Sie uns nun eine Testperson mit einem Milzmeridianproblem studieren. Wir finden natürlich weniger *Chi* in diesem Meridian und eine

Schwäche des entsprechenden Muskels, in diesem Fall des *Latissimus dorsi.* Bei richtiger Ausrichtung zum Magnetfeld der Erde zeigt sich außerdem auch eine Störung am Oberbauchzentrum.

Wenn ich nun ein kleines Stück Blei auf einen bestimmten Punkt auf einem der Schläfenbeine lege, verschwinden all diese Ergebnisse so plötzlich, als hätte sie jemand weggewischt. Es sieht so aus, als wäre die Auswirkung des Negativen blockiert. Der Gedanke, der negative Wunsch, ist zwar vorhanden, hat aber keine Auswirkung. Das scheint auf das Vorhandensein einer elektromagnetischen Ausstrahlung vom Schläfenbein auf das elektromagnetische Feld um den Körper hinzuweisen. Und je nachdem, welcher Art der Gedanke ist und welchen Meridian er betrifft, beeinflußt er ein bestimmtes Zentrum und gewöhnlich auch ein bestimmtes, örtlich begrenztes Gebiet.[46] Beim Weitertesten ergibt sich, daß nicht das ganze Schläfenbein mit Blei abgedeckt zu werden braucht, sondern nur ein bestimmter Punkt: der seitliche Endpunkt der *Fossa digastrica.* Der negative Gedanke scheint also von den zwei höheren Zentren zu dem örtlichen Zentrum zu fließen und von dort in den Meridian. (Diese Erkenntnis ist für das Indikatormuskeltesten besonders wichtig, denn dieses kann, glaube ich, durch das Messen der Unterschiede im elektromagnetischen Potential zwischen den beiden *Fossae digastricae* ersetzt werden.)

Was geschieht, wenn wir das Stück Blei jetzt auf das entsprechende elektromagnetische Zentrum legen? Die Auswirkungen des Problems sind weitgehend reduziert, aber auf tieferen Testebenen immer noch auffindbar. Das heißt, es muß noch ein weiterer Auffangpunkt für den Energiefluß aus der *Fossa digastrica* vorhanden sein. Und zwar scheint es sich dabei um die Gegend um die Thymusdrüse zu handeln, denn wenn das Blei nun dorthin gelegt wird, erscheint das Problem wie ausgelöscht.

Jetzt können wir endlich unsere Frage beantworten. Das „geistige" Problem führt folgendermaßen zu „körperlichen" Auswirkungen: Der in eine Art elektromagnetischer Energie umgewandelte Gedanke strahlt von einer der beiden *Fossae digastricae* aus und beeinflußt zwei der elektromagnetischen Zentren und wahrscheinlich auch noch eine örtlich begrenzte charakteristische Körperstelle. Bei dem Gebiet um die Thymusdrüse zeigt sich die Auswirkung in Form einer Verringerung des Gesamtflusses der Lebensenergie. (Bedenken Sie, daß die Thymusdrüse die Hauptkontrolle über den Fluß der Lebensenergie hat.) Dadurch läßt sich nun der Körper leichter von der Störung in dem gewissen Zentrum beeinflussen und beeinträchtigt so die Energieversorgung des betroffenen Meridians.

Der Ablauf ist also wie folgt: Gehirn an *Fossa digastrica*, zum vierten Zentrum im allgemeinen und dem von dem entsprechenden Gedanken betroffenen Zentrum im besonderen; von dort zum Meridian, vielleicht durch einen ganz bestimmten, für diesen Gedanken spezifischen Punkt auf diesem Meridian, und danach zu den entsprechenden Muskeln und Organen.[47]

Dieser Mechanismus gilt aber nicht nur für negative Gedanken und Probleme. Weit wichtiger ist dabei, daß es so aussieht, als stimuliere jede einzelne Tugend ein Ausströmen an Lebensenergie über und in den Körper. Die Vorstellung, daß ein negativer Gedanke einen Ausfluß an sogenannter negativer Energie verursacht, ist nämlich nicht ganz zutreffend. Vielmehr handelt es sich um eine Unterbrechung der sonst kontinuierlich fließenden Lebensenergie.

Im noch weiteren Zusammenhang liegt die ursprüngliche Störung also weder im Muskel noch im Meridian. Auch nicht im Geist, sondern direkt in der Mitte, in unserer Seele.[48] Eine Abkehr vom WEG führt zu psychischen Problemen; diese verursachen Leiden, und das führt dann durch den eben beschriebenen Mechanismus zu physischen Problemen und zu noch mehr Leiden. Leiden läßt sich durch viele psychologische und physiologische Methoden mindern, die Antwort geht letztendlich jedoch über diese hinaus und liegt in der Wiedervereinigung mit der MUTTER in einem Leben der Cantillation.

Der Weg der Liebe erwächst
aus dem Band zwischen Mutter und Kind –
und allen Hindernissen auf dem Weg.

Jeder Aspekt hat dabei
seine besondere Auswirkung
und hindert oder fördert.

Der Sinn des Lebens
besteht darin, das eine zu überwinden
und das andere zu fördern.
Die GROSSE MUTTER in der Mutter
zu finden
und IHR zu lobsingen.

Finde Gott zuerst in deiner Mutter,
und dann sie – und dann SIE – in dir.

Cantillation und Liebe

Cantillation:
Sein Leben weihen als Psalm
in Harmonie mit dem PULS DES LEBENS.

Wie schon gesagt, ist Cantillation der Name für das Stück Erkenntnis, das aus der Analyse der Lebensenergie entsteht, und gleichzeitig auch deren Ziel. Cantillation ist, glaube ich, die vierte der EDLEN WAHRHEITEN, der Weg zu Freude und Erleuchtung. Ist der RECHTE WEG. Ist DEIN WILLE.

Ganz gleich, um welches Meridianproblem es sich im Einzelfall auch handelt: Wir finden, daß jedesmal dasselbe Grundproblem auftaucht. Wird dieses überwunden, verschwinden all die anderen, oberflächlicheren Probleme augenblicklich. Das Grundproblem ist die primitivste und tiefgreifendste Manifestation von Haß – nämlich der Wunsch, die Mutter zu töten. Wann immer ein Problem auftritt, ganz gleich welcher Art und an welchem Meridian, ist dieses Primärproblem am Lungenmeridian vorhanden. Aus ihm erwächst alles Negative im Leben und damit alles Leiden.

Es gibt jedoch ein noch tiefer liegendes Problem. Eines, aus dem der Wunsch, die Mutter zu töten, hervorgeht: nämlich der Glaube, daß die Mutter uns nicht liebt; daß sie uns haßt. Der Beweis dafür, daß dies das tiefer liegende Problem ist, findet sich in dem Umstand, daß bei seiner Überwindung der Wunsch, die Mutter zu töten, ebenfalls ausgelöscht wird, das Umgekehrte aber nicht der Fall ist. So entsteht der Mutterhaß mit allen seinen Konsequenzen also aus dem Glauben, daß die Mutter uns nicht liebt, daß sie uns haßt.

Cantillation beginnt, wenn wir dies ändern und glauben können, daß unsere Mutter uns liebt. Keine Mutter ist vollkommen, und es wird auch nie eine vollkommene Mutter geben. Wir aber neigen dazu, uns auf das Negative zu konzentrieren und das Positive zu übersehen. Der Glaube an die Liebe unserer Mutter findet sich ein, wenn wir die GROSSE MUTTER in ihr erkennen. Und meiner Meinung nach ist dieses Erkennen der GROSSEN MUTTER in der eigenen Mutter auch die Grundlage aller religiösen Lehren; ob sie dabei Natur, Gott oder bei einem anderen Namen genannt wird, spielt keine Rolle.

„Der Religionen gibt es viele,
aber nur einen Urgrund."

Laotse

Ihre Liebe ist es, die wir suchen. Sie ist unser allerhöchstes Sehnen und wird es immer sein. Einssein mit der MUTTER.

Wenn wir ihre Liebe spüren und tief in unserer Seele gewahr werden, daß wir geliebt sind, beginnen wir, IHR unser Leben in Dankbarkeit zu widmen. Ich nenne das ein Leben des Lobgesangs, denn es ist das Lied unserer Verehrung, unser Psalm für SIE. Und jedes weitere Lied trägt uns zu neuen Höhen des Lobgesangs und wirkt auf immer breiter gestreute und allgemeinere Aspekte unseres täglichen Lebens ein.

> Unsere irdische Mutter ist mit uns bei der
> Geburt und die GROSSE MUTTER bei
> unserem Tod. In unserem Leben
> verschmelzen die beiden, wenn wir in
> unserer Mutter Gott erkennen.

Cantillation heißt, des Gottes in unserer Mutter gewahr werden und danach in allen unseren Mitmenschen. Es bedeutet, das einzigartige und doch gleichzeitig auch universelle Sosein alles Geschaffenen zu erleben. In meinem gegenwärtigen Erleuchtungsgrad glaube ich, daß es kein höheres Streben geben kann.

Es gibt für jeden Menschen ein besonderes kreatives Tun, das diesen Zustand am besten fördert, ihm sozusagen einen Einstiegspunkt am Fuße des Berges verschafft. Es kann dies bildende Kunst, Musik, Bildhauerei, Tanz, Fotografie oder sonst eine der höheren Kunstformen sein – eine ganz spezielle Tätigkeit, zum Beispiel Zeichnen, aber nicht Radieren; oder Malen mit Ölfarben, nicht aber Aquarellieren; Flötenspielen, aber nicht Klavier; oder das Komponieren eines Fotos mit dem einen, nicht aber dem anderen Auge am Sucher. Für viele ist es das Singen. Und merkwürdigerweise stellt sich im Test heraus, daß die höchste Form des Cantillierens für alle das Fotografieren ist. Es scheint paradox, daß die mechanischste Kunstform gleichzeitig die spirituellste ist.

Natürlich läßt sich der Zustand der Cantillation auch ohne Fotokamera erreichen – jegliche Aktivität führt dazu hin. So war es zum Beispiel nicht unbedingt notwendig, aber sicher hilfreich für Gandhi, zu spinnen, und dasselbe gilt für sein Beten, sein Rezitieren der Gita, seine Fußmärsche, sein Essen – alles, was er im Laufe seines Lebens tat. Es war auch nicht notwendig für Christus, mit Malen anzufangen. Sein ganzes Leben war ja ein Malen auf höchster Ebene und mehr als nur das. Trotzdem hilft das cantillatorische Tun uns weniger weit Entwickelten sehr und ermutigt uns dazu, den Meistern auf unsere eigene Art zu folgen.

Ist die geeignete Tätigkeit einmal herausgefunden, können wir durch die Ermutigung dazu den Beginn der Cantillation am besten erleichtern. Dieses cantillatorische Tun ist KARMA-YOGA, ist Meditation im Tun. Mehr als alles andere erfüllt uns dieses Tun, frei ausgeführt, mit der LIEBE der MUTTER. Durch dieses Tun finden wir am leichtesten und am schnellsten ihre LIEBE. Cantillation ist der tiefste Sinn der Kreativität.

> Die Philosophie der Cantillation bestätigt
> die uralten philosophischen Lehren:
> Durch die Kunst, die man ausübt,
> läßt sich der Geist
> am leichtesten erheben.

Und wenn das erst erreicht ist, streben wir danach, dies in unsere Ehe, unsere Arbeit, unser Spiel in immer breiterem Maße einfließen zu lassen und sogar noch höhere Ebenen zu erreichen. Wir müssen uns jedoch dabei vor Augen halten, daß das Tun selbst nicht wichtig ist:

> Cantillation heißt nicht Tun, sondern Sein;
> durch Handeln zum Sein gelangen.

Damit es zum Zustand des Lobgesangs führt, muß das Handeln im richtigen Geiste durchgeführt werden. Und dies zu vermitteln, ist der wichtigste Gesichtspunkt der Analyse der Lebensenergie.

Dieses Verständnis des zu Cantillation führenden Potentials künstlerischen Ausdrucks liefert uns ein neues und doch uraltes Kriterium ästhetischer Kritik, das wichtigste und eigentlich einzige Kunstkriterium: den Ausdruck von Liebe und Dankbarkeit, der weit wichtiger ist als die Erfüllung der korrekten akademischen Norm – richtiger Noten, richtiger Perspektive – und der ewigwechselnden Modeerscheinungen und Schönheitsideale. Kunst als Cantillation ist über diese weltlichen Belange erhaben, denn sie ist Ausdruck für die SCHÖNHEIT der UNIVERSELLEN WAHRHEIT, von LIEBE und GESEGNETSEIN.

Für Chagall war es das Malen und für Dickens das Schreiben. Dies war für sie Lobgesang, so sangen sie ihre Liebeslieder an die LIEBE. Eine der Aufgaben der Analyse der Lebensenergie besteht darin, dem einzelnen zu der Kunstform zu verhelfen, die ihn zum Cantillieren führt, ihn dazu zu ermutigen. Künstlern hilft sie, die zum Cantillieren führende Kraft in ihrer Kunst freizusetzen. Den Zustand der Cantillation im künstlerischen Ausdruck erlangte bis jetzt nur eine tragisch kleine Zahl von Künstlern, und ein LEBEN als Cantillation noch weniger.

Dieses kreative Tun, das uns zur Cantillation führt, ist der erste Schritt zu Heiligkeit: Das Leben eines Heiligen ist Lobgesang der reinsten, dankbarsten und liebevollsten Form in jedem Augenblick seines Lebens und bis in alle Ewigkeit.

Je höher die Stufe der Cantillation, desto größer die Übereinstimmung mit dem PULS DES LEBENS – für alle Kunst und jedes Leben. Auf höchster Ebene ist Cantillation mehr als nur ein Lied. Es wird zum Frohlocken.

> *„Jubel ist eine Freude, von der kein Mund erzählen kann, die vielmehr mächtig durch Herz und Seele sich ergießt."*
>
> Suso

Was ist Cantillation?

Cantillation ...
ist   Blake und Rilke
      und Crashaw,
      Stanford und Hopkins,
      Gorecki, Chagall.

Ist   Turner und Moore,
      auch Ruskin und Read,
      Giotto, Angelico
      und Dürer.

Ist   Dickens und Doyle,
      Hood, Trollope und Gray,
      Shakespeare, Spenser
      und Milton.

Ist   Elaine May, Mae West
      und Marilyn,
      Stan Getz, Ukulele Ike
      – und Spike Jones.

Ist   Einstein und Darwin
      und Newton,
      Lawson and Scott,
      Chaucer, Dante.

Ist   Wang Wei und Issa,
      Hiroshige, Hamada,

Lascaux.

Ist Fox Talbot, Szent-Gyorgy,
und Pauling,
Harpo und Chico,
Will Rogers,
Durufle.

Ist Carter,
Jackie Mason
und Lincoln,
Jefferson,
Hammarskjöld,
F. D. R.

Ist Harry Edwards
und Edward Bach,
Ernst Haas und Weston,
J. J. Johnson und Hodes.

Ist Grandma Moses
and Malory,
Tracy and Merwin,
Kipling und Nash.

Ist Dodd,
Twain, Wilder und Carroll,
Serly und Sutherland,
Fulford und Still.

Ist Rumi und Chaves
und Borroff,
Tukarama, Kabir
und Dart.

Ist Burton Watson und Blyth,
Mascaro und Mitchell,
Steward und Keene.

Ist Isoir,
Cochereau,
Feininger, Riis,
LaRocca, Kincaid,
Kamefsky.

Ist Crazy Otto –
und Country Joe,
McCurdy und Cholden,
Inman und Shaw.

Ist Leslie Howard
und Tiny Davis,
Hackett und Jalbert,
Ringo, von Trotta.

Ist Herriott und Nims
und Brewer,
Stoler Miller,
Stryk und Li Po.

Ist Muir,
Marshall, Terhune,
Skeat und Simpson,
Aihara,
Ohsawa.

Sind Spirituals, Pibroch
und Blues,
Marchaut und Holst,
Reger, Dufay –
und andere,
wenn sie singen.

Und es ist jede Mutter und jeder Vater,
wenn sie lieben.
Und es ist auch Chuang Tsu und
Sengai,
Tauler und Suso,
Konfuzius,
Teresa.

Und es ist Gandhi,
Julian und Eckhart,
St. Franziskus, Laotse,
Abraham, Paulus,
Nagaruna, Shinran,
und erhabener
und noch erhabener.

Und es ist die Bibel und die
Upanischaden,
Dhammapada
und Gita,
und darüber hinaus
und darüber hinaus.

Und es ist Christus
und Buddha,
und …

Und wir alle werden
Cantillation sein, wir alle.

Ein Leben der Cantillation ist ein Leben der Liebe und der Dankbarkeit. Eine fortwährende Bestätigung der LIEBE, des TAO, der BUDDHANATUR. Je mehr der Lobgesang sich steigert, desto mehr erhöht sich auch der Zustand des Geliebtseins, des Einsseins, der Schönheit. Immer weiter, immer höher, immer weiter hinaus.

Musik als Metapher

Heilig ist,
wer die GROSSE MUTTER fand
in seiner Mutter.

So kann Musik uns alle heiligen.

Einer der Grundsätze der Analyse der Lebensenergie ist, daß jede Form der Kommunikation danach strebt, eine Liebeserklärung zu sein, eine Erklärung der Liebe zur LIEBE, was soviel bedeutet wie Cantillation. Die Anlage dazu ist das Gurren und Gurgeln des Babys in Dankbarkeit für die Liebe der Mutter und ihr Wiegenlied. Dies ist der erste Lobgesang.

Um zu bestimmen, wie nahe sie ihrem Ziel kommen, testeten wir über Jahre hinweg Tausende von Kommunikationsformen: Schriftstücke und Gedichte, Gemälde und Zeichnungen, Skulpturen und Fotografien – und Musik, die wir sowohl auf den Komponisten als auch auf den Vortragenden hin untersuchten. Dabei ergaben sich drei Kategorien: geringe Lebensenergie, hohe Lebensenergie und zur Cantillation führend – und danach zu immer höheren Stufen des Lobgesangs.

Hierzu läßt sich allgemein sagen, daß es im Rahmen dieser Tests so aussieht, als führten bis zur Renaissance so gut wie alle künstlerischen Bemühungen zur Cantillation. Als sich die Zivilisation dann aber mehr und mehr auf die Macht des individuellen Egos ausrichtete, verlor sie ihren Glauben an die Liebe Gottes. Man trachtete danach, die Natur zu verstehen, zu untersuchen, zu sezieren, und verlor die Hochachtung vor ihr und ihrer Liebe. Die Kunst wurde profan, war nicht länger heilig, und das, was sich auch weiterhin „heilig" nannte, wurde zur bloßen Liturgie.

Es ist ein großer Trost, daß sich in der Musik eine kleine, aber deutliche Richtungsänderung anbahnt. In den letzten hundert Jahren tauchen nach dreihundertjähriger Stille zum erstenmal wieder cantillatorische Komponisten auf. Ihre Anzahl ist noch klein, und sie befinden sich auf der untersten Stufe, doch ist Cantillation in der Musik wenigstens wieder lebendig. Vielleicht wird eines Tages alle Kunst wieder heilig und läutet so eine Herzenswandlung unserer Zivilisation ein.

Drei Einzeldarstellungen über die Lebensenergie in der Musik habe ich schon veröffentlicht, und eine weitere wird noch folgen.[49] Der Gründe dafür gibt es viele; besonders meine Liebe für sie und ihre Liebe für mich – für mich war sie immer das Lied der GROSSEN MUTTER.

Ein anderer Grund dafür besteht darin, daß sie ein so nützliches Beispiel für die Manifestation der Lebensenergie ist. In diesem Sinne benutze ich sie als Metapher.

Die Musik trägt uns zurück in die frühesten Tage unserer Kindheit, zurück in den Leib der Mutter, zu ihrem Herzschlag und dem allumfassenden Rhythmus ihres Lebens. Jegliche Musik fließt von der Mutter – ihrer Stimme, ihren Zärtlichkeiten, ihren Wiegenliedern.[50] Und all unsere Musik ist oder sollte wie die eines Babys sein: Ein Lied zurück an sie und die MUTTER in ihr. Wir können alles, was wir über die Liebe, die wahre Mutterliebe, wissen müssen, durch die Musik lernen. Sie kann uns wohl mehr als jedes andere Medium versichern, daß wir geliebt sind, immer geliebt. Und wenn wir unser Lied dann wieder zurück an die Mutter richten, ist es Cantillation, und unsere Lieder werden zu Psalmen. Die Musik birgt die Möglichkeit zur Cantillation in sich. Wenn wir uns mit Musik beschäftigen, lernen wir viel über die Lebensenergie. Jedes Motiv, jede Tonfolge, jede Note steht in bezug zu einer bestimmten Tugend auf einem der Meridiane. Und jedesmal, wenn wir sie singen, spielen oder auch nur hören, wird das entsprechende Problen in uns überwunden und die Tugend gestärkt; gerade so, wie das beim Komponisten und seinem Akt der Kreativität der Fall war. Und die Musik lehrt uns viel über Bewegung und Tanz, den Gebrauch des Körpers und die entsprechenden Auswirkungen auf die

Übertragung der Lebensenergie, des Lebensgeistes, der Liebe.

Außerdem lehrt sie uns, daß alles in uns, jeder Aspekt der Persönlichkeit, auf jeden folgenden Augenblick der Kommunikation einwirkt. Wir übertragen alles in uns – jedes unserer inneren Probleme, jede Tugend. Ich kann mich nicht ablösen von dem, was ich sage und tue, denn jede Handlung ist ein vollständiger Ausdruck meiner selbst, und das gleiche gilt auch für Sie. Alles – Körper, Geist und Seele – alles teilt sich mit, alles wird registriert. Diese Fähigkeit, uns ganz in einen anderen hineinzugeben, ist die kostbarste der uns innewohnenden Stärken. Wir müssen uns dieser ehrfurchtgebietenden Tatsache immer bewußt sein und sie achten.

Und weiterhin lehrt uns die Musik noch, mit dem PULS DES LEBENS zu gehen[51], so daß unser Leben ein himmlischer Tanz wird.

Laßt uns singen und tanzen
mit dem PULS.

Das Leben ist mühelos,
wenn wir uns mit dem EINEN bewegen.

Gott ist DASJENIGE,
das die Mutterschaft schuf
und sich bei jeder Geburt
neu bestätigt.

Je größer die Erleuchtung,
desto klarer wird es:
die MUTTER, Mitgefühl,
der PULS DES LEBENS, das TAO.

Cantillation: Eine Brücke zwischen Psychologie und Religion

Vom All
und seinem Schöpfer
weiß ich nichts.
Ich weiß nur um die Mutterliebe,
und das ist alles, was ich wissen muß.

Der Versuch, Psychologie, Religion und Ethik wieder zu vereinen, ist wohl ein wichtiger Beitrag der Cantillationstheorie. Der tiefste und fundamentale Makel jeder und jeglicher Persönlichkeit ist, daß die uneingeschränkte Liebe zur Mutter fehlt und an ihre Stelle der Mutterhaß trat.

Das Erreichen dieser uneingeschränkten Liebe und dieses vollkommenen Einsseins durch Wiedergutmachung[52] ist das grundlegende Ziel der Psychologie.

Um daraus ein religiöses oder ethisches Unterfangen zu machen, braucht es nichts als die Erkenntnis, daß die Quelle ihrer Caritas, ihrer Güte und Liebe der Gott in ihr ist. Ethisches Bestreben muß wie alle anderen aus der Persönlichkeit entspringen, in diesem Fall aus der frühesten Stufe der

Mutter-Kind-Bindung.[53] Sie ist es, die uns das Leben gibt, die uns nährt, pflegt und liebt.

Du liebtest mich, du gabst mir das Leben.
Du hegtest und pflegtest meinen Geist.[54]

So könnte ein Kind sagen, das seine Mutter rühmt, tatsächlich aber sind diese Worte an Gott gerichtet. Gott und die Mutter sind ein und dasselbe. Gott ist der Gott in unserer Mutter und damit in allen ihren Nachkömmlingen.

Und doch scheinen die religiösen und ethischen Lehren die Bedeutung der Liebe zur Mutter nicht zu beachten. (Das fünfte Gebot mag eine Ausnahme sein.) Warum wird sie in der Bergpredigt nicht erwähnt? Warum nicht als eine der Seligpreisungen gerühmt? Ich finde kein Wort davon in den Sutren oder Upanischaden. Es steht nichts davon im Dhammapada oder der Gita. Warum sprechen die VIER EDLEN WAHRHEITEN nicht davon – ist sie nicht die Mitte des WEGS DER MITTE? Kann jemand, der seine Mutter nicht liebt, wirklich Gott lieben? Kann man je die Liebe Gottes finden, ohne zuerst die Liebe der Mutter zu finden?

Religiöse Führer lehren von Gott, aber nicht von der Mutter. Psychologen von der Mutter, aber nicht von Gott. Cantillation ist ein Versuch, einer von vielen, beide zu versöhnen und wieder zu vereinen.

Der Weg zu Gott
führt über die Mutter.
Von der Mutter zur MUTTER.

Um zum Meer zu gelangen,
brauchst du nur in den Strom zu steigen.

Ich ergebe mich
in den WEG.

Anhang

1. Anmerkungen

1 *George J. Goodheart, Jr.:* You'll be better, The Story of Applied Kinesiology, Geneva/Ohio 1987 (A. K. Printing)

2 *John Diamond:* My Role as a Teacher of Ethics, in: The Path of a Doctor, Valley Cottage/NY 1988 (Archaeus Press)

3 Siehe zum Beispiel *Walpola Ruhula:* What the Buddha Taught, New York 1974 (Grove Press), und *Nancy Wilson Ross:* Buddhism, A Way of Life and Thought, New York 1980 (Random House)

4 *Diamond,* a. a. O.

5 *T. W. Rhys Davids:* Introduction to the Foundation of the Kingdom of Righteousness, in: Buddhist Sutras, 1881; reprint New York 1969 (Dover Publications), S. 142 f.

6 TAO = Grundbegriff der chinesischen Philosophie; wörtlich übersetzt: der Weg (Anmerkung des Verlags)

7 NIRWANA = ersehnter Endzustand der vollkommenen, seligen Ruhe (Anm. des Verlags)

8 YOGA meint hier die Befreiung von der Last der Körperlichkeit (Anm. des Verlags)

9 Beschreibung dieses Tests in *John Diamond:* Die heilende Kraft der Emotionen, 4. Aufl. Freiburg 1990 (Verlag für Angewandte Kinesiologie), S. 7 ff.

10 *Henry O. Kendall, Florence P. Kendall, Gladys E. Wadsworth:* Muscles – Testing and Function, Baltimore 1971 (Williams and Wilkins)

11 Vgl. *John Diamond:* A careful Look at Muscle Testing, in: The Collected Papers of John Diamond, Bd. II, Valley Cottage/NY 1980 (Archaeus Press), S. 51–54

12 Die Beziehung zwischen Lungenmeridian und Deltoidmuskel wurde festgestellt von *Goodheart,* a. a. O.

13 *Kwo Da-Wei:* Chinese Brush Work, Montclair/NJ 1981 (Abnerschram), S. 54

14 *John Diamond:* Der Körper lügt nicht, 6. Aufl. Freiburg 1990 (Verlag für Angewandte Kinesiologie), S. 29–36

15 Diese Zentrale befindet sich vielleicht nicht *in* der Thymusdrüse, steht aber sehr eng mit ihr in Verbindung.

16 *John Diamond:* Notes on the Spiritual Basis of Therapy, Valley Cottage/NY 1986 (Archaeus Press)

17 *ders.:* The Collected Papers ..., S. 1–14

18 *ders.:* Die heilende Kraft ..., S. 118

19 *Goodheart,* a. a. O.

20 *John Diamond:* The Collected Papers ..., Bd. I, Valley Cottage/NY 1977, S. 34–49

21 *ders.:* Die heilende Kraft ..., S. 269 ff.

22 The Oxford English Dictionary

23 *Diamond:* Die heilende Kraft ..., S. 202–207

24 ebd., S. 119–122

25 *ders.,* Notes on the Spiritual Basis ..., S. 5–9

26 *Hammalawa Saddhatissa:* Buddhist Ethics, London 1987 (Wisdom Publications), S. 45

27 *Thich Nhat Hanh:* A Guide to Walking Meditation, Nyack/NY 1985 (Fellowship Publications)

28 *Rainer Maria Rilke:* Die Sonette an Orpheus, Frankfurt 1946 (Insel Verlag), S. 44

29 *Diamond:* Die heilende Kraft ..., S. 125–135

30 ebd., S. 219

31 ebd., S. 163–173

32 *Shakespeare:* Wie es euch gefällt

33 *Martin Fischer, trans.:* A Truthtelling Manual and the Art of Worldly Wisdom of Baltasar Gracian, Springfield 1945 (Charles C. Thomas), S. 272

34 *T. W. Rhys Davids, trans.:* Buddhism: Its History and Literature, New York 1896 (G. P. Putnam's Sons), S. 124

35 *James Hastings, ed.:* Encyclopedia of Religion and Ethics, Edinburgh 1908 (T. and T. Clark)

36 Encyclopedia Britannica

37 The Oxford English Dictionary

38 *Hastings,* a. a. O.

39 *Frederic W. Farrar:* Witness of History to Christ, 1871, iv. 144

40 *Diamond,* Die heilende Kraft ..., S. 188–202

41 *Goodheart,* a. a. O.

42 *Diamond,* a. a. O.

43 *ders.:* The Collected Papers ..., Bd. I, S. 34–49

44 *ders.:* BK Chart Nr. 2 1980

45 *Goodheart,* a. a. O.

46 Wird das Stück Blei jedoch auf das andere Schläfenbein gelegt, so verursacht es eine tief-

greifende allgemeine Verminderung der Lebensenergie.

47 Es gibt sicher auch einen inneren zentralen Mechanismus. Nur habe ich dafür bis jetzt noch keinen Beweis gefunden.

48 *Diamond:* The Path of a Doctor

49 vgl. Anhang 2

50 Diamond Report 122, April 1987

51 Diamond Report 116, October 1986

52 *Melanie Klein:* Love, Guilt and Reparation and other Works 1921–1945, New York 1975 (Delacorte)

53 *John Diamond:* Re-mothering. Das Wiedererleben der Mutterliebe, Freiburg 1991 (Verlag für Angewandte Kinesiologie)

54 *Stephen Mitchell, trans.:* The Book of Job, San Francisco 1987 (North Point Press), S. 30

2. Weitere Bücher von John Diamond

Speech, Language and the Power of the Breath, Valley Cottage/NY 1979 (Archaeus Press)

Notes on the Spiritual Basis of Therapy, Valley Cottage/NY 1979, 2. Aufl. 1986

The Collected Papers of John Diamond, Vol. II, Valley Cottage/NY 1980

Der Körper lügt nicht, Freiburg 1983, 6. Aufl. 1990 (Verlag für Angewandte Kinesiologie)

Lebensenergie in der Musik, Bd. 1, Südergellersen 1983, 4. Aufl. 1987 (Verlag Bruno Martin)

Lebensenergie in der Musik, Bd. 2: Wie im Leben, so in der Musik, Freiburg 1991

Lebensenergie in der Musik, Bd. 3: Das Herz der Musik, Freiburg 1991

A Book of Cantillatory Poems, Valley Cottage/NY 1985

Die heilende Kraft der Emotionen, Freiburg 1986

The Path of a Doctor, Valley Cottage/NY 1988

Re-mothering. Das Wiedererleben der Mutterliebe, Freiburg 1991

3. IELEC

Das *Institute for the Enhancement of Life, Energy and Creativity (IELEC)* widmet sich dem Lehren und Praktizieren spirituellen Wachstums und ethischen Verhaltens mit Hilfe der Analyse der Lebensenergie und der Cantillation.

Nähere Auskunft erteilt:
IELEC
Post Office Drawer 37
Valley Cottage/NY 10989
USA
Tel.: (914) 268-5144

Dr. John Diamond

Der Körper lügt nicht

Eine neue Wissenschaft, die Ihren Körper und Ihr Leben verändern kann, stellt sich Ihnen hier vor: **Behaviorale Kinesiologie.** Ausgehend von der Erkenntnis, daß die Thymusdrüse eine bedeutende Rolle bei der Regulierung der Körperenergie spielt, kann Behaviorale Kinesiologie Sie zu einem vitaleren und gesünderen Lebensstil führen.

205 Seiten, viele Fotos und Illustrationen, Paperback, 26,–DM/sFr.
ISBN 3-924077-00-2

Dr. John Diamond

Die heilende Kraft der Emotionen

Dieses herausfordernde, sensationelle Buch konzentriert sich auf den psychologischen Aspekt der Lebensenergie.
Dr. Diamond, ein international bekannter Psychiater, zeigt Ihnen, wie Sie Ihre Lebensenergie hoch halten können.
Er beschreibt die Basis positiver und negativer Zustände, welche auf die Lebensenergie einwirken. Negative emotionale Zustände (Haß, Ärger, Neid etc.) reduzieren die Lebensenergie des einzelnen. Positive emotionale Zustände (Liebe, Vertrauen, Mut etc.) heben den Energielevel und helfen dem einzelnen, mit den geistigen und psychischen Streßfaktoren des Lebens fertig zu werden, und verstärken unsere Kreativität und Produktivität.
Mit Hilfe eines einfachen Muskeltests zeigt Ihnen Dr. Diamond, wie Sie den Zustand Ihrer Lebensenergie einschätzen und die spezifischen psychologischen Faktoren ausschalten können, die störende Einflüsse und Auswirkungen haben.
Durch positive Affirmationen können Sie Ihre Lebensenergie steigern.
274 Seiten, viele Fotos und Illustrationen, kart., 35,– DM/sFr.

John Diamond

Lebensenergie in der Musik

Im zweiten Band zu Lebensenergie in der Musik beschreibt John Diamond seine Erfahrungen 25jähriger Forschung und praktischer Arbeit im Hinblick auf die Auswirkungen von Musik auf den Menschen, besonders bezüglich der Steigerung von Kreativität und Leistung und der Reduzierung von Streß bei Amateuren und professionellen Musikern.
205 Seiten, Paperback, Preis 24,– DM/sFr.
ISBN 3-924077-08-8

■ Der Ablauf der Geburt prägt die Beziehung des Kindes zur Mutter und zur Welt für das ganze weitere Leben. Die Geburt unterbricht die in der Schwangerschaft gewachsene enge Bindung des Kindes an die Mutter. Unter herkömmlichen Bedingungen erlebt das Kind diesen Vorgang als Trauma. Legt man es aber nach der Geburt gleich auf den Bauch der Mutter, wird die Primärbeziehung, die Liebe zur Mutter, wiederhergestellt.
John Diamond schildert in *Re-mothering* eine Reihe einfacher Tests, die herauszufinden erlauben, ob die Liebe zur Mutter – Grundvoraussetzung jeder anderen Liebe – vorhanden ist. Darüber hinaus zeigt er Wege zur Korrektur: wie man die Geburt neu erleben, das Trauma überwinden und die Mutterliebe wiedergewinnen kann.

Dr. John Diamond:

Re-mothering – Das Wiedererleben der Mutterliebe

ca. 120 Seiten, Paperback
ca. 20,– DM/sFr.
ISBN 3-924077-13-4

Erscheint Frühjahr 1991

Dr. Roger J. Callahan

Leben ohne Phobie

Wie Sie in wenigen Minuten Ihre Phobie oder Angst verlieren können.
Phobien und Ängste beherrschen das Leben vieler Menschen. Dieses Buch ist ein Meilenstein auf dem Weg zur erfolgreichen Behandlung von Phobien und Ängsten. Es berichtet von den Heilungserfolgen Dr. Roger J. Callahans, der in 85 % aller Fälle seine Patienten von ihren Ängsten befreien konnte: augenblicklich, schmerzlos und auf natürliche Weise. Sie können diese Methode sofort selbst für sich und andere anwenden. – Ein sehr empfehlenswertes Buch für Therapeuten und für die, die sich selbst helfen wollen.

209 Seiten, Illustrationen, Paperback, 28,–DM/sFr.
ISBN 3-924077-07-X

■ Mit dieser Aufsatzsammlung legt John Diamond eine Vielzahl neuer Beobachtungen, Gedanken und Forschungsergebnisse zum Zusammenhang von Musik und Gesundheit vor. Einige Themenbeispiele:

- Der Urquell der Musik
- Musik-Kriterien
- Die wahre Aufgabe des Musikers
- Furtwänglers Erbe
- Die erneuernde Kraft der Musik
- Musik als Gebet

Leseprobe:
„Die Kriterien für Musik sind dieselben wie für jedes andere Unterfangen, jeden Gedanken, jeden Wunsch, jede Tat. Fördert sie die Gesundheit oder nicht? Bringt sie uns Gott näher oder nicht? Erhöht sie unser Potential an Lebensenergie oder nicht? Bringt sie uns dazu, unsere Herzen zu öffnen und zu lieben, oder nicht ... ?“

Dr. John Diamond:

Das Herz der Musik

ca. 210 Seiten, Paperback
ca. 28,– DM/sFr.
ISBN 3-924077-18-5

Erscheint Frühjahr 1991